DESIGN AND MAKE YOUR OWN
DOLL'S HOUSES

ドールハウスを習う
部屋と家具づくりから

関 美代子

ROOMS AND FURNITURE

CONTENTS

DOLL'S HOUSES ドールハウス 5

HALF MADE HOUSES キットでドールハウス 6
TUDOR HOUSE チューダーハウス 8
YELLOW COTTAGE イエローコテージ 10
VICTORIAN COTTAGE ヴィクトリアンコテージ 11

COMBINATION ROOM 4つの部屋 12
DINING ROOM ダイニングルーム 14
LIVING ROOM リビングルーム 16
GIRL'S ROOM 少女の部屋 18
COUNTRY KITCHEN カントリーキッチン 20

CORNER ROOMS コーナールーム 22
BRIDAL ROOM ブライダルルーム 22
VICTORIAN ROOM ヴィクトリアンルーム 23
NURSERY 保育室 24
KITCHEN キッチン 25

ROOM BOXES ルームボックス 26
COUNTRY BEDROOM カントリーベッドルーム 26・34
ATELIER アトリエ 27・32
ELEGANT HOUSE エレガントハウス 28
ENGLISH HOUSE イギリスの家 29
SUNROOM サンルーム 30
BEDROOM ベッドルーム 31
LIVING ROOM リビングルーム 36
HALL ホール 38

BUILD YOUR OWN
ROOM BOX
ルームボックスを作る 39

MATERIALS & TOOLS　材料と道具　40
EQUIPMENT　材料を準備する　41
FLOORING　床をはる　42
WALL PAINTING　壁を塗る　43
MAKING DOOR　ドアを作る　44
MAKING WINDOWS　窓を作る　45
FINISHING　組み立てる　46
ONE ROOM BOX　1部屋のボックス　48
CORNER ROOM　コーナールーム　48

MAKE YOUR OWN
MINIATURE FURNITURE
家具を作る 49

NOTE　家具を作る前に〈木の家具・布を使う家具・ウィッカー家具〉　50
ラダーバックチェア　51　　ナイトテーブル　52　　チェスト　54　　作業台　55　　チェスト　56　　カップボード　58
本棚　60　　たんす　62　　壁棚　63　　ベッド　64　　ベンチ　66　　センターテーブル　67
ウィッカーのアームチェア、テーブル、ベンチ　68　　ドレッサーとスツール　70・86　　カーテン　72　　ファイヤープレース　74
キッチンテーブル　75　　サイドテーブル　76・77　　アームチェア　78　　ウィングチェア　80　　ベッド　82
ダイニングテーブルとナイトテーブル　84　　ゆりかご　85　　ドア　88

MAKE YOUR OWN
RUG & ACCESSORY
ラグと小物を作る 89

NOTE　ラグを作る前に　90
トランク　91　　泡立て器・柄つきたわし・包丁・シャベル　92　　ろうそく　94　　フレーム　95
カードと封筒・花の種袋　96　　本・帽子　97　　めがね・写真立て・たばこ　98
絵画・バスマット・サンプラー　99　　モップ・はたき・かぎ掛け・カレンダー　100　　観葉植物・香水瓶　101

INDEX　104

INTRODUCTION はじめに

旅先で何気なく入ったお店の、小さなガラスケースの中にあったミニチュアの小物たち。それが私をこの世界にのめり込ませたのです。

その小さなケースの中にはティーセットや化粧品、ガラスケースに入ったお人形など、ほんとうに小さくてかわいい、私が初めて目にするものばかりで、思わず「わあ、かわいい！」と声を出してしまいました。ところがその中に「えっ？」と思うものがあったのです。それは小さなハエたたきでした。その時はまだドールハウスなんて知らないので、何でそんなものがそこにあるのかわかりませんでした。飾っておくにはやはりきれいなもののほうがいいので、ハエたたきは買わないで、他のかわいいものを数点持ち帰り、ケースに入れて眺めていました。

でもある日、ふとあのハエたたきが気になりだして、何とかできないものかと、細い針金で作ってみたのです。自分ではそれらしくできたので、家族の者に「これ何だと思う」ときいてみたところ、「湯豆腐をすくうもの」という返事。まさしくそうだったのです。ちょっとがっかり。でもそれがきっかけでいろいろな小物を作り始めたのです。後でわかったのですが、あのハエたたきは網戸用のネットがはってあったのです。

小物だけを作っていると、それではもの足りなくなり、家具を作りだしました。家具が増えたら当然家が作りたくなります。こうしてだんだん夢がふくらんでいったのです。

初めのころは空き箱や廃物を利用して、サイズも$\frac{1}{16}$くらいで作っていましたが、そのうちドールハウスという世界があることを知りました。そして大変奥の深いものであることも。もっとよく知りたくて、アメリカの本を見ていると、ドールハウスのクラブがあることも知りました。その中の、クラブで作った本を年に4回、会員だけに送っているという「N・A・M・E・（ネイム　National Association of Miniature Enthusiasts）」というドールハウスのクラブに所属しました。おかげでアメリカでの情報を得ることができるようになり、ドールハウスの博物館や専門店に行ったり、愛好家や作家のお宅を訪ねるようになったのです。こうして多くのアメリカ人と知り合うようになって、その紹介でイギリス人のお宅も訪ねることになり、作品を見せていただいたり、じかに教えていただいたりするようになりました。

あのハエたたきから20年ほどたちました。私の作品は、できるだけリアルであることを心がけているので、人形は入れません。登場人物は空想の中にいます。インテリア雑誌などの写真が参考になり、実際に住めそうもない部屋や、思いきった壁の色なども、ドールハウスなら実現できるのですから、作ってみたいものはいくらでも広がります。

まずは部屋と家具作りを知っていただきたくて、この本がそのお役にたつことを願っています。

Doll's Houses
ドールハウス

モデルは、オーストリアのザルツブルクで見た建物。これは扉にある写真の正面を外したところです。実は前に高い塀があり、2階と3階しか見えなくて1階は想像です。屋上や階段の手すりは1本ずつ手で削ったので少々不ぞろいだったりしています。

家具の多くはエグザクト社のキットです。油性ニスを塗って、細かいスチールウールで磨く、という工程を6、7回繰り返しました。

Half
Made
Houses

キットでドールハウス

ドールハウスを作るとき、私はオリジナルのハウスを製図から始めるのが好きなのですが、ときにはキットのドールハウスも作ります。キットの面白さは作り手のイメージにより、同じキットでもいろいろに変化がつけられることです。ここにある3つのドールハウスは、アメリカのグリーンリーフ社のキットです。この会社のキットは種類が多く手に入りやすいこと、比較的リーズナブルな価格は魅力なのですが、木が粗末なところが難点です。キットにある木を使用しないで、ひのき棒で作り直したり、窓の桟もデザインを変えたりした部分もあります。キットで作る場合、電気の配線や壁紙はりなど、作る順番をよく把握してから始めないと、奥のほうに手が入らない、というようなことにもなりかねません。

TUDOR HOUSE
チューダーハウス

このハウスのキットはかなり以前、まだ日本では手に入らなかったころ、アメリカから引きずって持って帰った思い出のものです。
チューダーハウスの外観は比較的アレンジしにくい面がありますが、窓は開閉できるように作りました。中の家具はオリジナルで作ったものとキットで作ったものを合わせて置いています。
2階のベッドルームにある窓は、普通の出窓だったのをベンチ風にしてみました。シェークスピアの生まれた町、イギリスのストラトフォード・アポン・エイヴォンのチューダーハウスをイメージして作ったので、室内の色は少し落としてあります。
この家の住人は敬虔なクリスチャンの老夫婦です。たんすの上にはマリア像と聖書が置かれ、バスルームの洗面台には入れ歯が置き忘れられています。

Yellow Cottage
イエローコテージ

ウィッカーの家具を置いた家です。外壁には1×15ミリのひのき棒をはっています。ポーチの部分は改造し、ウィッカーのブランコをつるしました。
　1階の左の部屋はキッチンの予定でしたが、サンルームになってしまい、屋根裏はテディベアの好きな女の子の部屋。ラグの模様もスリッパもテディベアです。右にあるドールハウスのドールハウスはバルサ材で、左のおもちゃの家具は、ひのき棒とようじを組ませて作りました。床の中央にあるジグソーパズルは、あと3つで完成です。そのピースは箱の中に入っています。

Victorian Cottage
ヴィクトリアンコテージ

外壁の色を出すのに1日ペンキと格闘していました。屋根と土台はスエード調のペンキを塗ってみました。玄関脇の壁が少し寂しかったので、窓をあけプラスチック板に油性ペンでステンドグラスのように絵をかいてみました。912というこの家の番号は、'91年の第2作目という意味です。ヴィクトリアンチェアはキットを使いましたが、シートの布は替えています。ティファニーのランプはピンポン玉に絵をかいて作りました。

COMBI-NATION ROOM

4つの部屋

夢のような4つのお部屋、それぞれの部屋のお話も考えながら作ってみました。

左上はダイニングルーム。シャンペンもプレゼントもケーキもそろいました。今日は何の日でしょう。お誕生日、結婚記念日、だれにでもある特別な日です。ロマンティックなテーブルセッティングがしたくてこの部屋を作りました。

右上は少女の部屋。鏡に向かいおしゃれを気にしながらも、まだまだお人形も手放せなくて、チョコレートやキャンデーが大好きな女の子なのです。壁紙はドールハウス用のもの、ベッドやカーテンの布のボーダー部分を、壁の回り縁やドアにもはって、家具は白のペンキを塗って、アクリル絵の具でお花をかき、甘い甘い少女の部屋に。

右下はリビングルーム。お気に入りのペパーミントグリーンの便箋で、手紙を書いていたら、玄関のチャイムが鳴りました。お花屋さんから花束が届いたのです。
白壁の部分はジェッソ、腰板やドア、ファイヤープレースはアクリル絵の具を塗っています。この部屋で面白いのは、布と絵の具の色を変えると、雰囲気が、がらっと違うことです。そのときはラグの色も変えてください。

左下はカントリーキッチン。ある日の朝、オーブンでパンを焼き、裏の庭にお花の種をまいてきました。
オーブンはバルサを芯にして石膏粘土でおおい、薄い木で押して目地を作り、色は茶色の油性ペンで塗りました。

DINING ROOM
ダイニングルーム

dining table
ダイニングテーブル
食器はプラスチックのキットです。赤いばらは粘土とアートフラワー用のレザーで作ったもの。ろうそくの作り方はP.94。☞ page 84

armchair
ウィッカーアームチェア
模様編みがないので簡単に作れるタイプです。お部屋の雰囲気に合わせてシートの布地選びを。
☞ page 68

rug
ラグ
中国風のラグ。色は3色にしてシンプルに。プレゼントボックスはデザインボードをラッピングしたものです。☞ page 91

cupboard
カップボード
白いプラスチックの食器に青の油性ペンで絵つけしました。ケーキは丸棒を芯にジェッソでデコレーションを。ガラス類はベニスで見つけたものです。☞ page 58

LIVING ROOM
リビングルーム

armchair
アームチェア
布を変えて作るとがらっと違うものになり、楽しくていくつも作ってしまうものです。部屋の色に合わせ、ここはグリーンの花柄で。
☞ page 78

side table
猫脚のサイドテーブル
センターテーブルと同じく猫脚に。テーブルの上の鉛筆は細い丸棒の先を削ってペンで色つけ。封筒はP.96、写真立てはP.98。☞ page 76

center table
センターテーブル
猫脚のテーブル。あり合せのレースをテーブルセンターに。りんごは部屋に合わせて青りんごにしました。たばこの作り方はP.98。
☞ page 67

fire place
ファイヤープレース
デルフトタイルをはっています。壁の絵は細いペンでかき、水性絵の具で色つけしました。ろうそくの作り方はP.94、本はP.97、絵画はP.99。 ☞ page 74

rug
ラグ
部屋の色に合わせた、同系色の3色で柔らかい感じを出すようにデザインしました。しだの観葉植物の作り方はP.101。 ☞ page 92

wall shelf
壁棚
棚板の手前にお皿が落ちないように細い棒をつけましたが、お皿でなければ必要ありません。お皿はアクリル絵の具で絵つけして、上に透明のニスかマニキュアを。
☞ page 63

GIRL'S ROOM
少女の部屋

chest
チェスト
チェストの上に使った布はカーテンの布。壁紙やカーテンとおそろいの色で絵もかいてみました。お皿の上のクロワッサンは粘土でできています。☞ page 54

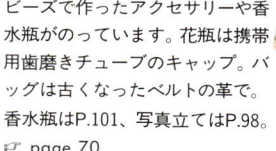

dresser & stool
鏡つきドレッサーとスツール
ビーズで作ったアクセサリーや香水瓶がのっています。花瓶は携帯用歯磨きチューブのキャップ。バッグは古くなったベルトの革で。香水瓶はP.101、写真立てはP.98。☞ page 70

night table
ナイトテーブル
スタンドは、既製のものにプリーツメーカーで作ったシェードをつけました。キャンデーは粘土を本物の紙で包んだもの、写真立てはP.98。☞ page 84

rug
ラグ
壁紙のボーダー模様に似せてデザインしました。隅にあるサンダルはバルサで作ります。☞ page 93

chest of drawers
たんす
引出しの取っ手はチッペンデールのものですが、はと目とくぎで作ることもできます。(P.50参照)上にあるルームボックスはバルサで作りました。☞ page 62

bed
ベッド
ベッドカバーをレースでおおい、クッションにもハート形のレースをつけてスイートに。粘土のチョコレートを本物の銀紙で包んで。帽子の作り方はP.97。☞ page 82

19

rug
ラグ
赤をベースにして温かい感じを出しました。同じデザインでブルー系のものを25ページのキッチンに敷いています。花の種袋はP.96、シャベルはP.92。☞ page 94

COUNTRY KITCHEN
カントリーキッチン

bench
ベンチ
木の質感を生かす水性ニスを塗ったカントリースタイルのベンチです。クッションはパッチワーク柄を使ってパッチワークをしたように。本はP.97。☞ page 66

kitchen table
キッチンテーブル

粘土で作ったジャグ、バゲット、トマトなどがテーブルにのっています。缶詰類は既製のものを置いています。まな板と包丁はP.92。
☞ page 75

door
ドア

4パネルのドアです。桟の位置を変えると6パネルにも。ドアのリースにボール紙で作ったハウスをつけてみました。カレンダーとかぎ掛けはP.100。 ☞ page 88

CORNER ROOMS
コーナールーム

BRIDAL ROOM
ブライダルルーム

婚約が決まったお祝いに、レースで作った手作りのウェディングドレスも一緒にプレゼント。ドレッサーもおしゃれさせてみました。☞ page 102

VICTORIAN ROOM
ヴィクトリアンルーム

ロングドレスを着たご婦人が、ウィッカーチェアに腰を下ろし、刺繍をしている優雅な姿を想像しながら。30ページの家具を入れて。☞ page 102

Nursery
保育室

赤ちゃん誕生のお祝いに、お部屋をまるごとプレゼント。ドアのサイズや家具は18ページの少女の部屋と同じものをアレンジしました。☞ page 103

KITCHEN
キッチン

お料理好きの友人に、ケーキの材料と用具を、テーブルの上にのせてプレゼント。20ページのカントリーキッチンをコンパクトにまとめて。☞ page 103

Room Boxes
ルームボックス

Country Bedroom
カントリーベッドルーム

バスルームつきのベッドルーム。ベッドルームとナーサリー、ダイニングルームとキッチン、書斎と書庫、ベッドルームとクローゼット、いろいろな組合せができます。ベッドルームは「ローラ　アシュレイ」の本物の壁紙をはって、私はローラ　アシュレイの部屋と呼んでいます。トイレセットとそこのアクセサリーはクリスボン社のキットを使用。せっけん、歯ブラシ、トイレの掃除用具、ここまであるの、と思わず笑えるほどものがそろったキットです。くれぐれもなくさないように。

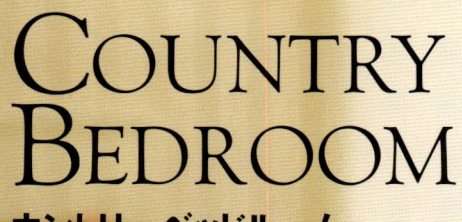

Atelier
アトリエ

カントリーベッドルームに使っていた部屋をアトリエに模様替えしてみました。ベンチとチェストはカントリー調に、ニスを塗ってから、ステンシル風に油性ペンで絵をかきました。

ELEGANT HOUSE
エレガントハウス

上はベッドルーム。ベッドのドレーパリー（掛け布）、同じ布で作ったカーテンと家具がエレガント。布を替えれば全く雰囲気も違ってきます。
下はサンルーム。さわやかさを出したくて、額の絵も色をつかわず黒の細いペンだけでかきました。床は白のプラスチック板に黒の油性ペンで線を入れます。サンルームなのでカーテンの代りに、窓の桟を斜めにして目隠しのようにしてみました。

ENGLISH HOUSE
イギリスの家

上はリビングルーム。少し古い感じにしたくてニスもウォルナットを使いました。ファイヤープレースのデルフト風タイルは、プラスチック板に1枚ずつブルーの油性ペンで絵をかいて、アームチェアの布は、イギリスのインテリアファブリックのような布で。
下はホール。ラダーバックチェアを置きたくて作った部屋です。ボックスの大きさは他と同じですが、出窓風に作ると立体的になります。写真では見えない天井は、中心が白、回りはベージュに塗り分けてあります。

SUNROOM
サンルーム

table
ウィッカーテーブル
サンドイッチは粘土で作り、グリーンのドライフラワーをパセリに。水差しやワインボトルはともに既製のもの。ワイングラスはイギリスのお土産です。☞ page 68

bench
ウィッカーベンチ
サンルームなのでベンチ風に使いましたが、シートクッションを置くとソファにもなります。作り方はアームチェアの幅を広げるだけで同じ作り方です。☞ page 68

chair
ウィッカーアームチェア
同じもので、背を広げながら編み、シートクッションをつけてちょっと豪華にしたものを23ページに置いています。☞ page 68

Bedroom
ベッドルーム

dresser
ドレッサー
ビーズで作ったアクセサリーや香水瓶が並んでいます。ティッシュペーパーの箱は床にあるダストボックスとおそろいで。香水瓶の作り方はP.101、写真立てはP.98。
☞ page 86

stool
スツール
ドレッサーと逆の布地づかいで作りました。 ☞ page 86

bed
ベッド
丸かんにビーズを通して作った指輪と、革ひもにスパングルを接着した腕時計がベッドの上に。帽子の作り方はP.97。 ☞ page 82

Atelier
アトリエ

rug
ラグ
狭いスペースに敷きたいので、じゃまにならない大きさで、素朴な柄のラグにしました。☞ page 95

work table
作業台
ビーズを台紙に接着したボタンのシート、棒に目盛りを書いたものさし、メモ用紙、はさみ、布などを所狭しと置きました。下にもボール紙で作った箱があります。
☞ page 55

chest
チェスト

着色ニスを塗ってから、ベンチと同じステンシル風の絵をかきました。このチェストの形は18、24ページと同じものです。作りかけのキルトをのぞかせて。☞ page 54

bench
ベンチ

20ページのベンチと同じ形です。着色ニスを塗ってから、細いペンでカントリー風に絵をかいてみました。☞ page 66

COUNTRY BEDROOM
カントリーベッドルーム

night table
ナイトテーブル

カントリー風なので引出しの取っ手もシンプルなものを。ティッシュボックスには小さく切った紙をのぞかせて。フレームの作り方はP.95、本はP.97。☞ page 52

book case
本棚

本の代りにカントリー風のもので飾ってみました。布は4×20×37のバルサに布端を折って巻き、家の形に切った木に色をつけたものなど。帽子はP.97。☞ page 60

sampler
サンプラー

A、B、Cのアルファベットを入れ、作った年と自分の名前を入れてください。土台の布は1センチに7目のものを使用、25番刺繍糸2本どりで刺します。☞ page 99

rug
ラグ
バスルームと合わせて、チューリップをデザインしました。スリッパはフェルトです。☞ page 96

chest
チェスト
かごの中はボール紙に巻いた糸、針金で作った針などを入れています。刺繍のキットは小布やでき上り写真の切抜き、針などをセロハンで包んだもの。☞ page 56

bath mat
バスマット
バスルームの色に合わせて、明快でシンプルなものに。☞ page 99

bed
ベッド
もう1センチほど長くしたかったのですが、脚側にチェストを置きたくてこの長さにしました。ベッドカバーはパッチワーク柄を利用して、裏からつまみ縫いして表からキルティングを。帽子の作り方はP.97。☞ page 64

35

LIVING
ROOM
リビングルーム

side table
サイドテーブル
ストレート脚を使ったサイドテーブルです。花はドライフラワーを花瓶にさして。封筒の作り方はP.96、めがねはP.98。☞ page 77

wing chair
ウィングチェア
イギリスのインテリアファブリックを意識しながら、少し派手めの布を使ってみました。テディベアはイギリスで見つけたニットのベアです。☞ page 80

rug
ラグ
大きめのラグなのであまり強くならないように、色を少し落として作りました。☞ page 97

sofa
ソファ
既製のものをまねて青の別珍で作ってみました。派手なウィングチェアのそばには控えめな色で無地のソファが合うようです。作り方はP.78のアームチェア参照。

center table
センターテーブル
17ページと同じ形。天板の回りに飾り棒がはってあります。チョコレートは木片をチョコレート色に塗りました。たばこはP.98。

☞ page 67

HALL
ホール

ladder back chair
ラダーバックチェア

マッキントッシュのラダーバック風に作ってみました。この椅子は細い木を多く使うため、着色した木をカットして組み立てます。
☞ page 51

rug
ラグ

幾何学模様のラグです。ホールなので家具を置かない分ラグにはっきりした色をつかっています。トランクはP.91、帽子はP.97。
☞ page 98

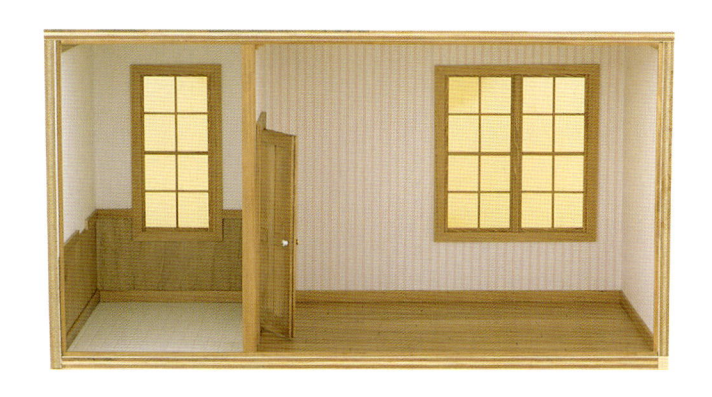

BUILD YOUR OWN ROOM BOX
ルームボックスを作る

ドールハウスを作っている人の多くの悩みは、その置き場所とほこりのようです。屋根のあるハウスは、たとえ小さくても重ねられませんが、ルームボックスならガラスが入るのでほこりの心配がなく、横に並べたり重ねたりして、家のようにも見えるので重宝しています。ここでは「カントリーベッドルーム」の作り方をお見せします。中にある家具はそれぞれの作り方ページをごらんください。

MATERIALS & TOOLS
材料と道具

〔材料〕
木
しなベニヤ──ボックスを作るとき、奥の壁に4ミリ、床、天井、左右の壁に9ミリの厚さのものを使います。
ひのき棒──材質がしっかりしていて、厚さ、幅のサイズが豊富です。DIY店（日曜大工センターのような店）にあり、1本の長さは90センチです。サイズは木の厚さ×幅×長さ（単位はミリ）で示します。
アガチス──ひのき棒にないサイズの場合に使用。少し色が違いますが、ニスを塗ると目立たなくなります。
ほお──彫ったりするとき扱いやすい木です。
バルサ──やわらかいので扱いやすいのですが、木目が粗く高級感に欠けるので、外に出ない芯の部分などに使います。
くぎ
できるだけ細いものを使用。ボックスは長さ22、19、16、13ミリぐらいのもの、ドアや家具はドールハウス用や帆船模型用のものを使います。

〔用具〕
ピラニアのこ（写真P.42）
マイターボックス（写真P.42）
金定規
三角定規
シャープペンシル
カット板
サンドペーパー
糸のこ
スコヤ
ピンセット
アイロン（写真P.65）

〔塗料〕
ニスは油性のほうが仕上りはきれいですが、水性のほうが扱いが簡単なので水性を使用しています。何度も重ね塗りをして、高級感を出したい場合は油性を使います。
水性ニス（写真P.43）
水性ペイント
トールペイント用アクリル絵の具（写真P.43）
水性プラカラー
ジェッソ（写真P.43）
油性ペン（写真P.42）

〔接着剤〕
両面接着テープ

くぎしめ

はさみ

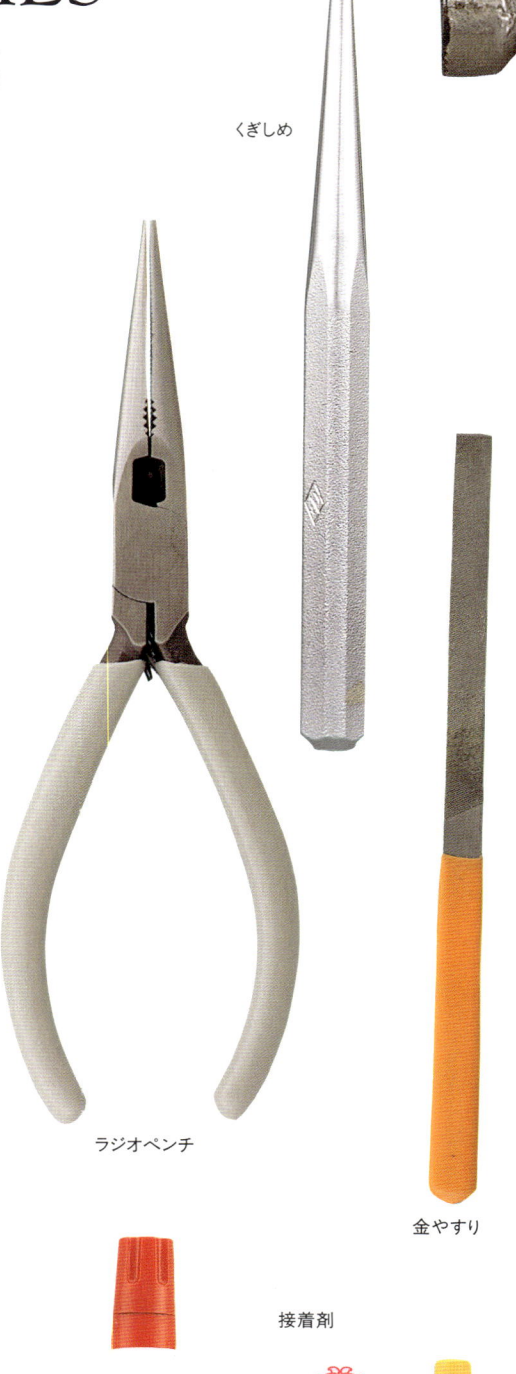

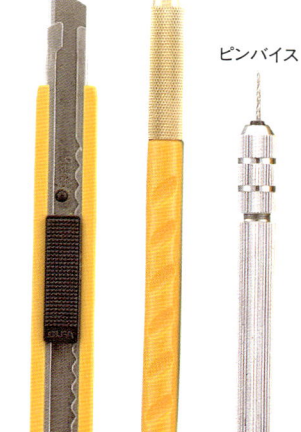

ラジオペンチ

金やすり

金づち

カッターナイフ

アートナイフ

ピンバイス

接着剤

木、紙用

木、プラスチック用

金具用

EQUIPMENT
材料を準備する

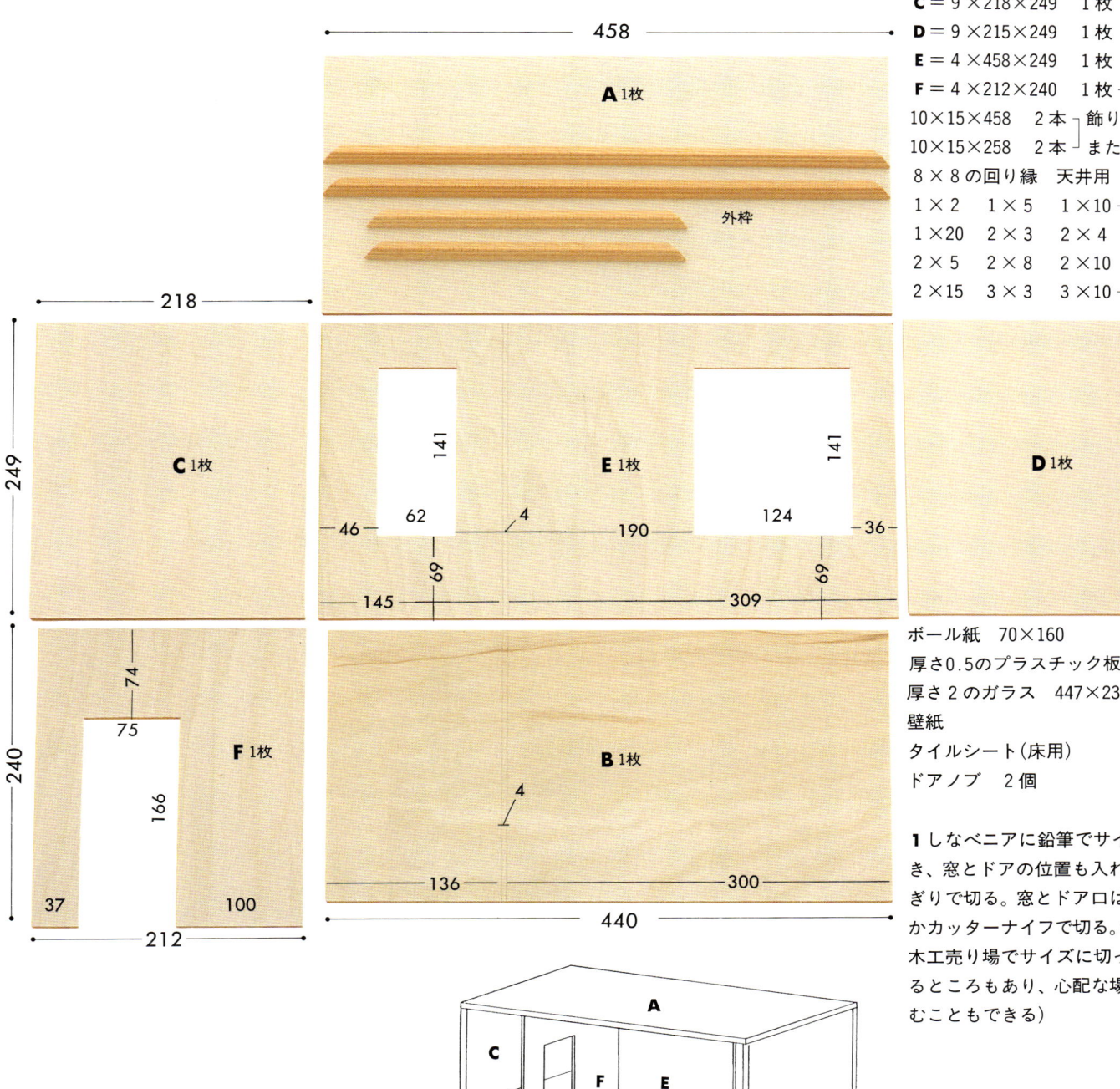

materials

［材料］ W458　D232　H258

A ＝ 9×458×222　1枚
B ＝ 9×440×218　1枚
C ＝ 9×218×249　1枚　┐しな
D ＝ 9×215×249　1枚　┘ベニヤ
E ＝ 4×458×249　1枚
F ＝ 4×212×240　1枚

10×15×458　2本 ┐飾り棒（外枠用）
10×15×258　2本 ┘またはひのき棒

8×8の回り縁　天井用

1×2　　1×5　　1×10
1×20　 2×3　　2×4　　┐ひのき棒
2×5　　2×8　　2×10　┘
2×15　 3×3　　3×10

- A 1枚 (458)
- C 1枚 (218 × 249)
- D 1枚 (249)
- E 1枚 — 窓: 141、62、4、190、124、36、46、69、145、309、69
- F 1枚 (212 × 240) — 74、75、166、37、100
- B 1枚 (440) — 4、136、300

外枠

ボール紙　70×160
厚さ0.5のプラスチック板（窓用）
厚さ2のガラス　447×238
壁紙
タイルシート（床用）
ドアノブ　2個

1 しなベニアに鉛筆でサイズをかき、窓とドアの位置も入れてのこぎりで切る。窓とドア口は糸のこかカッターナイフで切る。（最近は木工売り場でサイズに切ってくれるところもあり、心配な場合は頼むこともできる）

41

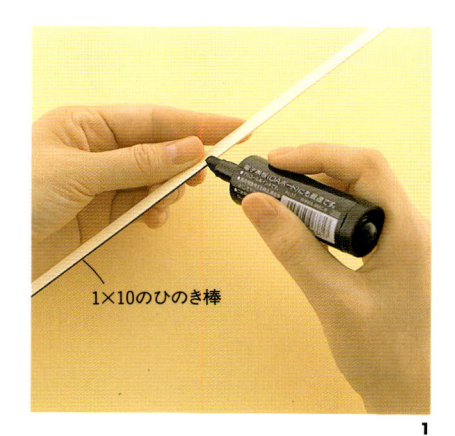

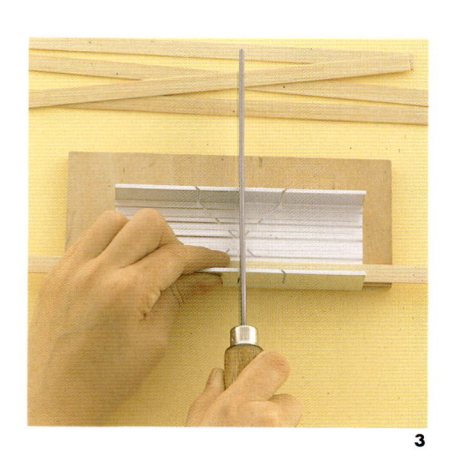

FLOORING
床をはる

1 1×10のひのき棒の片側を、油性のインクで黒く塗りフローリングの目地に見立てる。黒く塗ったひのき棒は300ミリくらいにカットしておく。

2 板の厚みが薄く、幅もあまり広くない木が簡単にカットできるチョッパー。30度、45度、60度、90度の角度のカットができる。

3 マイターボックスとピラニアのこ。厚みのあるものも切れ、45度、90度の角度に切ることができる。

4 手前から3ミリに3×3のガラス止めをつけて、1×10のひのき棒を、片側の断面に塗った黒が重ならないように床をはる。

5 はり終わったら床板からはみ出したところをカットして、表面に軽くサンドペーパーをかけてから水性ニスを塗る。

6 バスルーム側にタイルシートをはる。好みでひのき棒をはってもよい。タイルシートの接着が悪いときは、合成ゴム系接着剤か両面接着テープでつけるとよい。

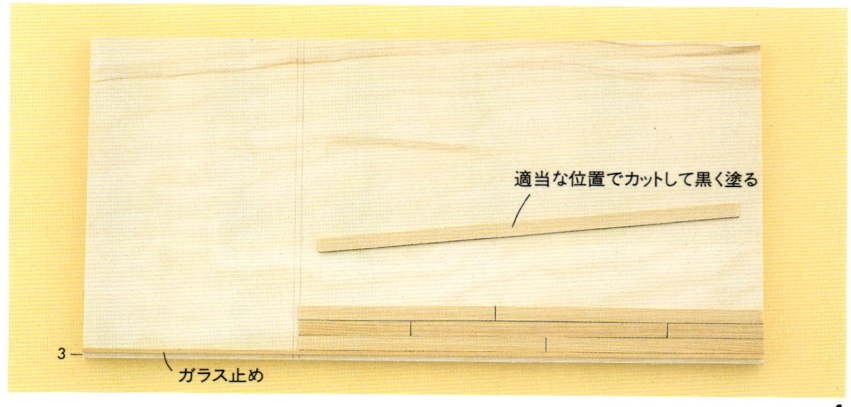

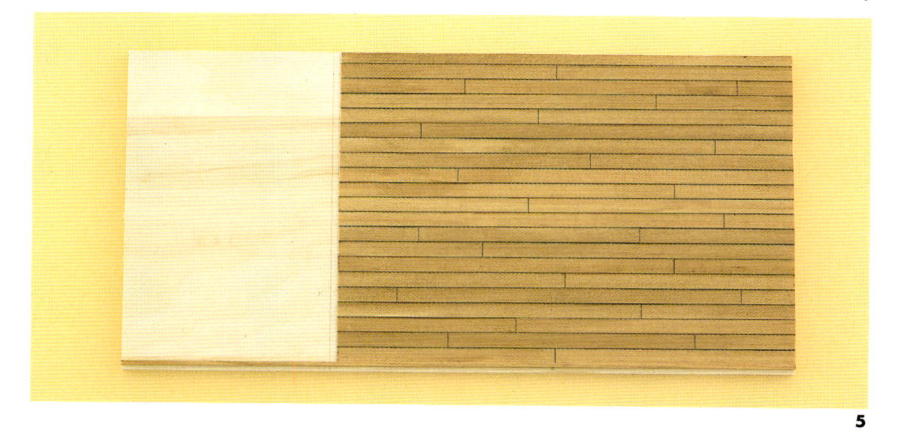

WALL PAINTING

壁を塗る

1 EとFのバスルーム側に水性ニスを塗る。EはCと同じ高さまで塗る。

2 Cの内側の腰板にも水性ニスを塗り、マスキングテープをはって上はジェッソ（下地剤）かアクリルペイントで塗る。同時にEFの上側と天井も塗っておく。ジェッソは一度塗って、乾いてからもう一度塗り、2度塗りしたほうが、きれいに仕上がる。

3 好みに合わせて、バスルームの壁に絵をかいたりステンシルをする。これはトールペインティング用のアクリル絵の具でかく。

4 ドアの内枠を切り、ニスを塗る。ここでドアの外枠、窓の内枠、外枠、桟、天井の回り縁、幅木（P.46、47）のひのき棒にもニスを塗っておくと効率がよい。

5 内枠は上、両サイドの順にはる。

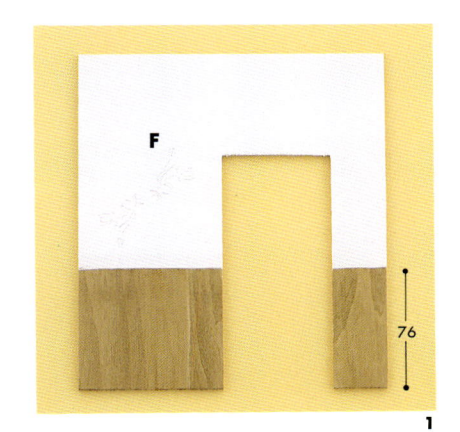

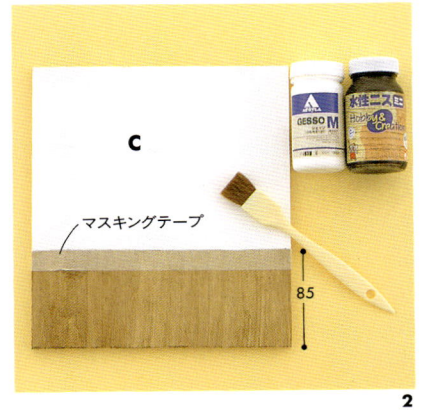

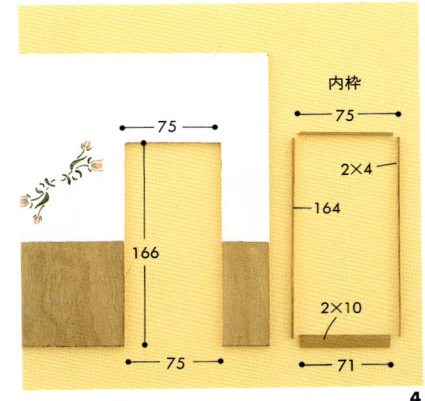

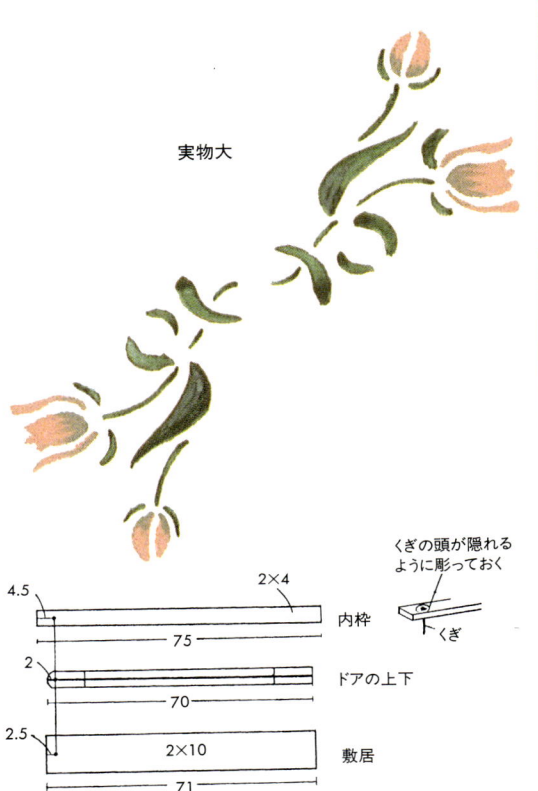

実物大

MAKING DOOR

ドアを作る

1 ボール紙とひのき棒をサイズに切り、ボール紙にひのき棒をはっていく。

2 もう一方の側にもはる。

3 両面をはり終わったら上下の断面、図の位置(P.43参照)にピンバイスで1ミリの穴をあける。

4 穴をあけた側の角をやすりで丸くしておく。これはドアの開閉が滑らかになるように。表面にサンドペーパーをかける。

5 ドアの全面にニスを塗り、乾いたらドアノブをつける。ドアノブは既製のものか、ウッドビーズやまち針の玉をドアノブに見立ててつけてもよい。

6 好みでドアノブに絵をかく。

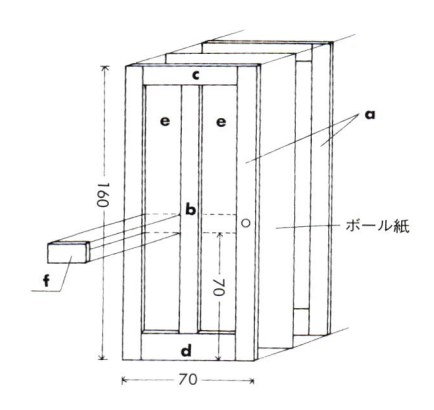

ドアのサイズ

- **a** = 2×10×160　4本
- **b** = 2×10×135　2本
- **c** = 2×10×50　2本
- **d** = 2×15×50　2本
- **e** = 1×20×135　4本
- **f** = 1×10×20　4枚

ひのき棒

ボール紙　70×160　1枚

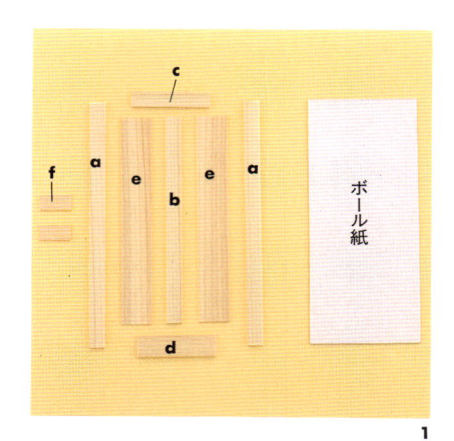

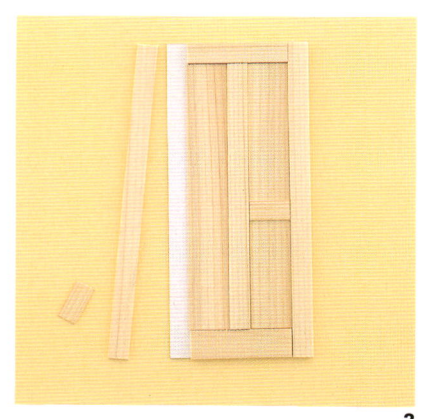

MAKING WINDOWS
窓を作る

1 1×5のひのき棒(a)を窓のサイズに合わせて切る。接着する前に必ず正しく入るか確認して、Eの内側を上にしてaの内枠をはる。
2 窓枠より少し小さいプラスチック板(123×140)の回りに、プラスチック用の接着剤を細くつけ、内枠(a)の上につける。プラスチック板の上に2×5(b)と2×10(c)のひのき棒で窓枠を接着する。
3 2×3(d)と1×2(e)で窓の桟をはる。
4 ドアと窓の外枠をドアは両面分、窓は正面だけ切る。端は45度にカットして角は額縁に合わせる。(外枠は壁紙をはってからはる)

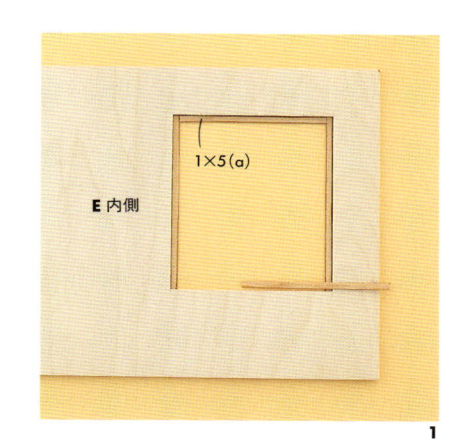

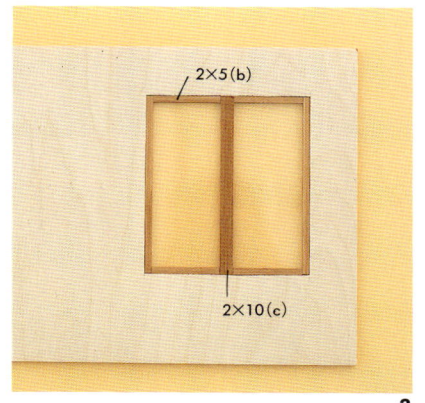

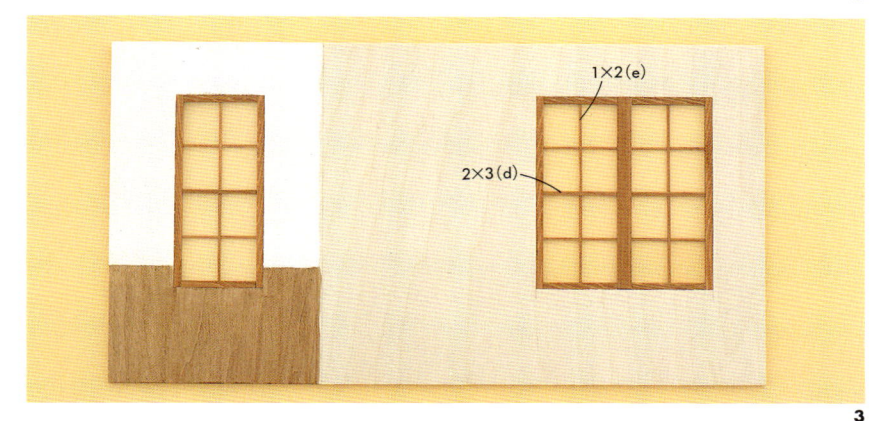

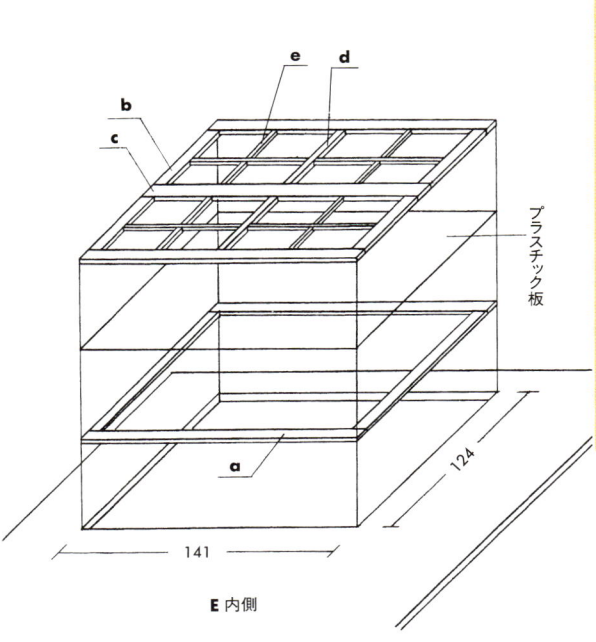

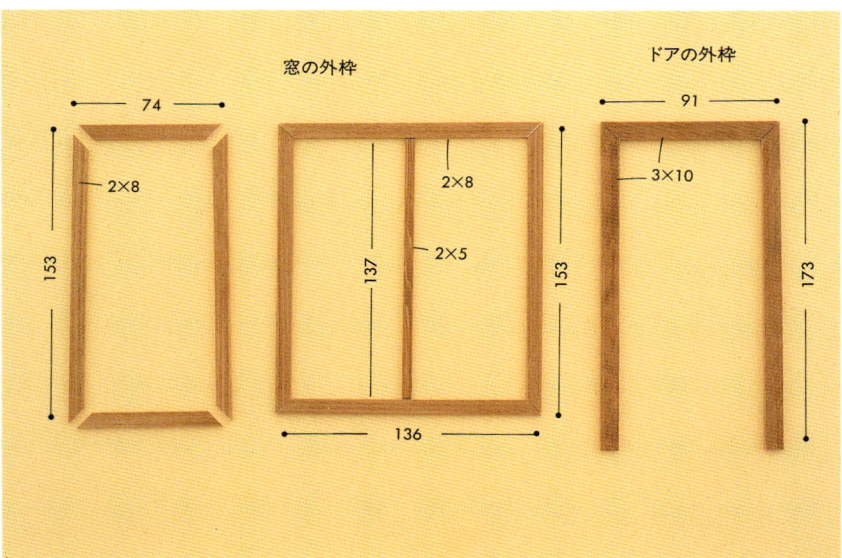

FINISHING
組み立てる

1 床の木(B)の断面にボンドをつけて、C D Eの順にはり合わせ、最後にFの断面にボンドをつけて止める。このとき先に壁紙をはってから組み立てることもできる。

組み立ててからはる場合は、およその壁のサイズに壁紙を切り、窓とドアのところもカットしておく。水で薄めたボンドを壁紙全面に塗り、端から手のひらで押さえるようにしてはっていく。

2 ボンドははみ出さないよう、いつもつまようじでつける。

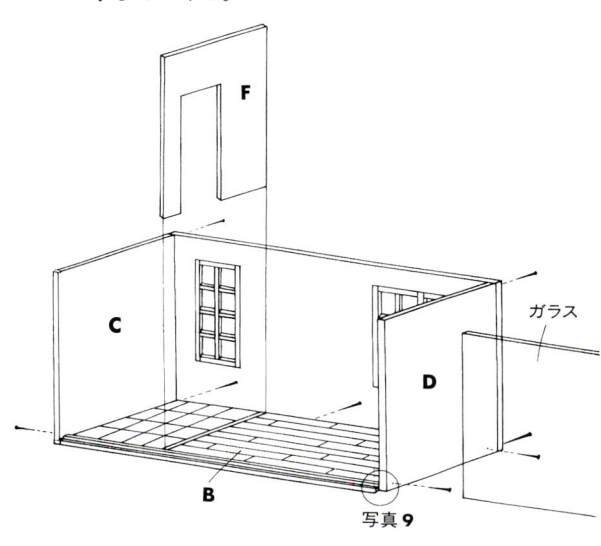

3 ボンドで止めた後、19～22ミリのくぎで止める。

くぎの打ち方

ピンバイスで穴をあけ、金づちで打つ

5ミリほど残してペンチで頭を切る

くぎしめで打ち込む

4 ドアの下の敷居(P.43の内枠)にくぎを通し、裏にボンドをつけて、上下のくぎをドアに刺して、ドアをはめ込んで接着。45ページのドアの外枠、同時に窓の外枠もはる。

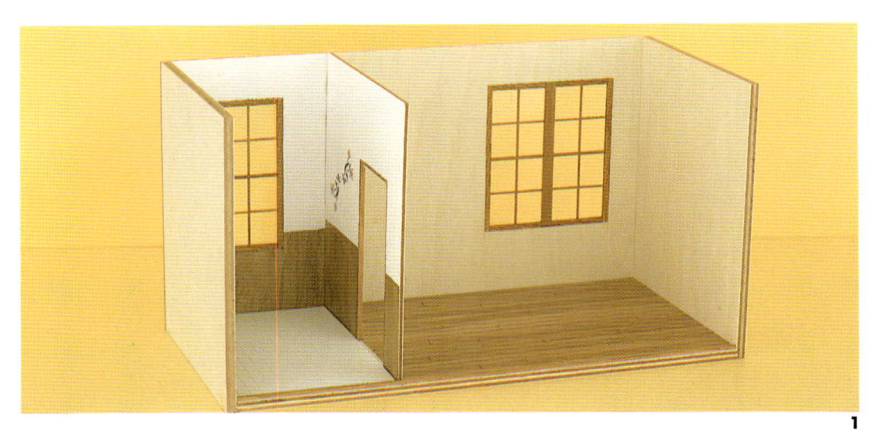

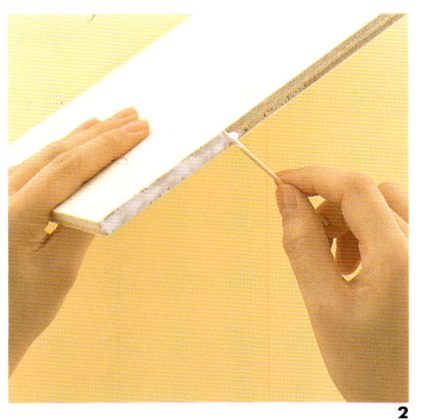

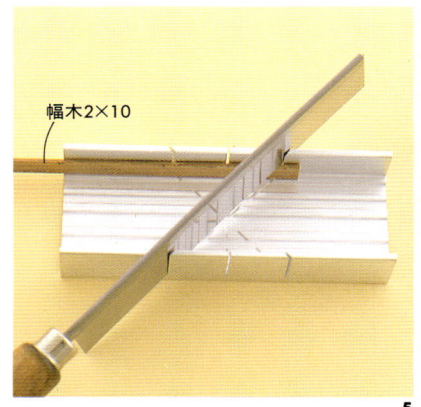

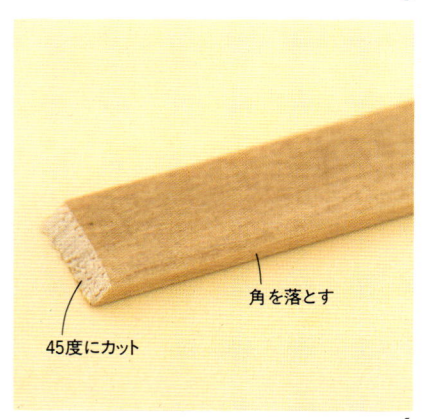

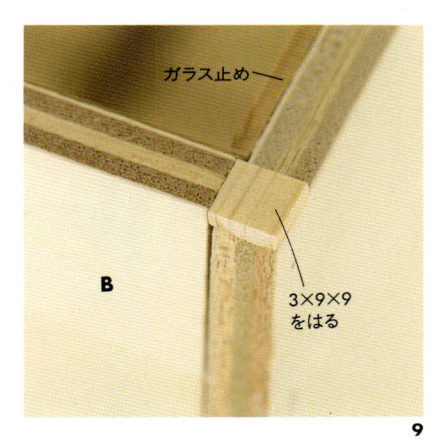

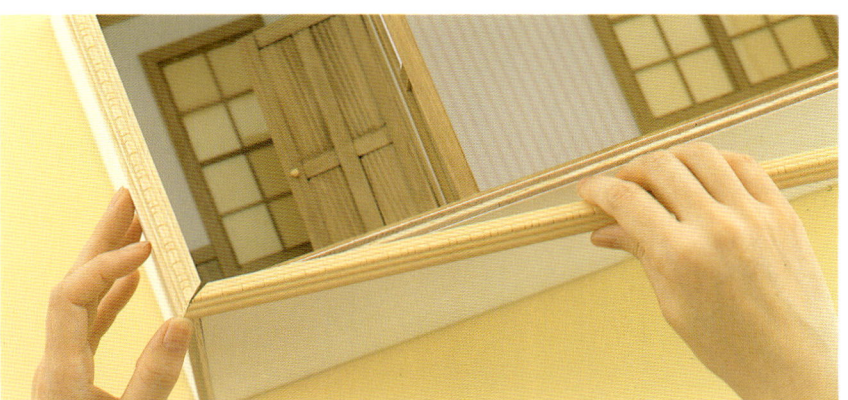

5 部屋のサイズをはかり、幅木と回り縁の断面をマイターボックスとピラニアのこで45度にカットしておく。

6 45度にカットした幅木。上側になる角をサンドペーパーで落として丸くする。

7 幅木をはり、バスルームのチェアレールは境目を隠すようにはる。

8 Ａの天井をボンドでつけ、くぎで止める。３ミリ控えて３×３ミリのひのき棒をＡＣＤにガラス止め用につける。ただしＤ側はガラスの入り口なので端にそろえてはる。次に天井の回り縁もつける。

回り縁を作る場合

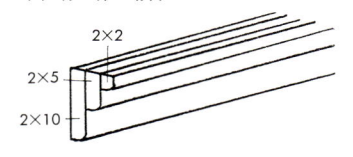

2×2
2×5
2×10

角はサンドペーパーで丸くしておく。
天井の板をはってから接着する

9 厚みをそろえるため、右下の角に厚さ３ミリ９×９のひのき棒をつける。

10 ボックスの回りにボンドを塗り、ボックスの外枠に飾り棒をはり、さらに正面からくぎを打ってしっかり止める。この時も46ページと同じくくぎの頭はカットする。

最後に外側と飾り棒にニスを塗って仕上げる。照明をつける場合は、ボックスの外側からピンバイスで穴をあける。

One Room Box

1部屋のボックス

materials

［材料］ W368　D232　H258

A ＝ 9×368×222　1枚
B ＝ 9×350×218　1枚
C ＝ 9×218×249　1枚　しなベニア
D ＝ 9×215×249　1枚
E ＝ 4×368×249　1枚

10×15×368　2本
10×15×258　2本　飾り棒（外枠用）

その他の材料は41ページ、
作り方はすべて41〜47ページに同じです。

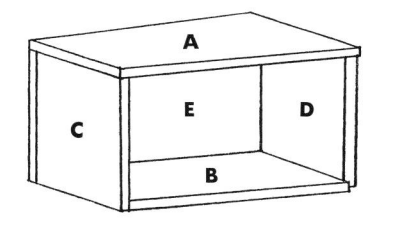

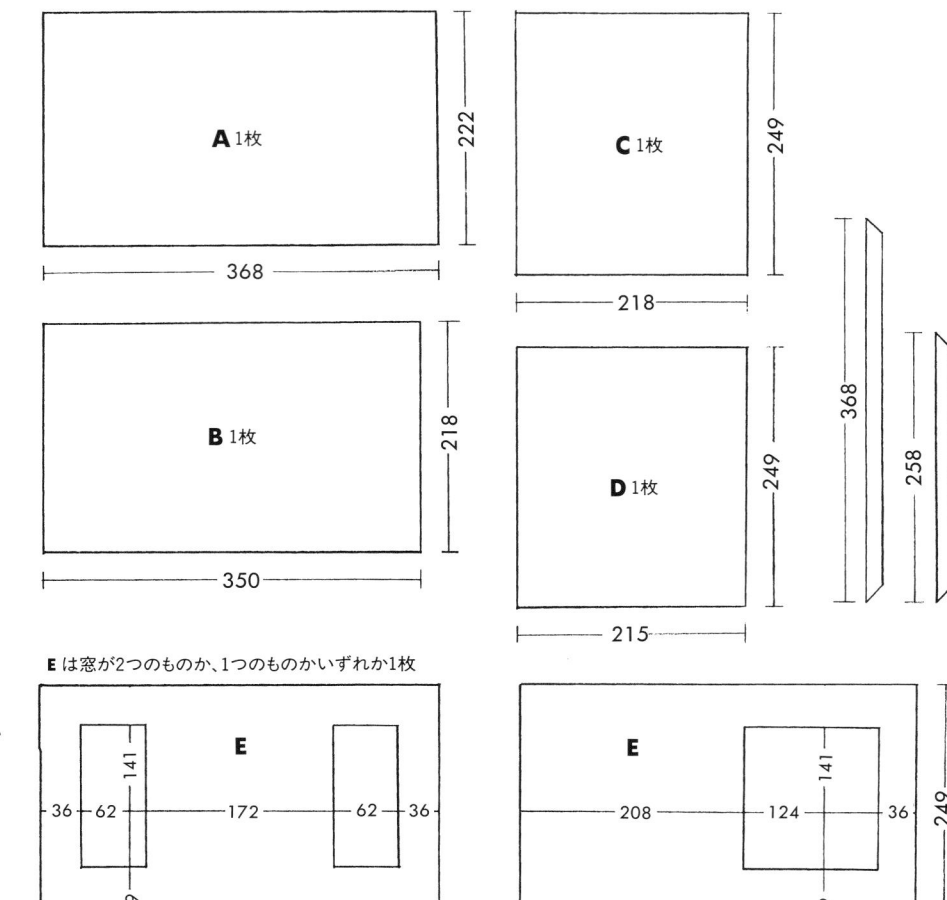

E は窓が2つのものか、1つのものかいずれか1枚

Corner Room

コーナールーム

materials

［材料］ W186　D186　H242

A ＝ 9×180×180　1枚
B ＝ 4×180×240　1枚　しなベニア
C ＝ 4×184×240　1枚

2×10　2×8　1×10 – ひのき棒

ドアと窓のサイズ、作り方は41ページの
ルームボックスと同じです。

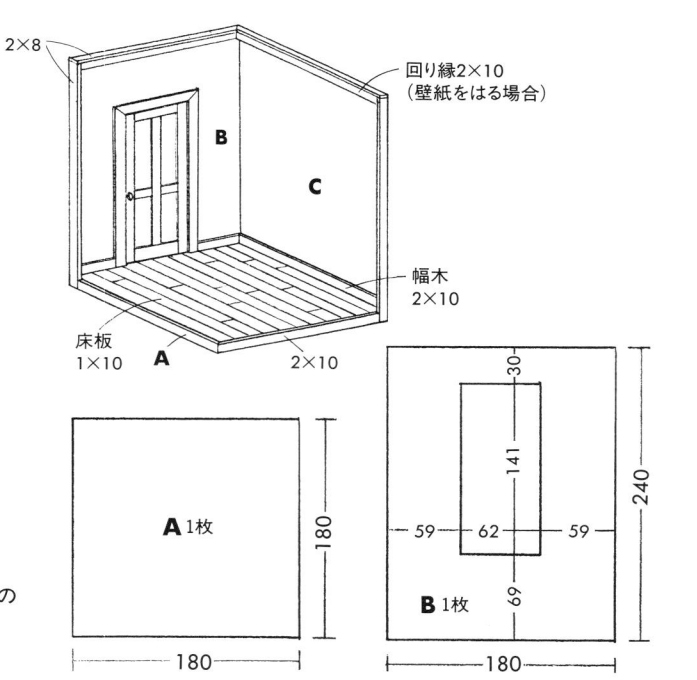

MAKE YOUR OWN MINIATURE FURNITURE

家具を作る

家具を作るときのデザインはほとんどが、インテリア雑誌にある本物の家具を参考にしますが、伝統あるデザインの場合は家具の本なども見ます。サイズは本物の$\frac{1}{12}$を基準にします。最初はキットのサイズを参考にしていましたが、できるだけひのき棒の幅を削らないで、そのまま使えるよう、計算機を片手に既製の木の幅を上手に組み合わせながら、サイズを決めて製図をおこします。

NOTE
家具を作る前に

●**家具の型紙は実物大で表示しています**

木の家具

[サイズの表示]
ここにある寸法は厚さ×幅×長さを表わし、特に指定がない場合の単位はミリで表示しています。

[使用する木]
木の種類は指定以外にも厚さや幅のサイズが合えば、ほおやメラピーでもかまいません。ただバルサは家具の質感やリアルさを出すためにも、私は使いません。

[印つけ]
細いシャープペンシルで、木に印やカットする線を入れてください。曲線のあるものは、別の用紙にトレースするかコピーして、型紙を作って木にうつし、のこぎりかカッターナイフでできるだけ正確にカットします。

[カットした木の確認]
カットした木は実物大図の上に置き、サイズとカット忘れがないか、チェックします。

[木を磨く]
表面になるところは、320番くらいのサンドペーパーで仕上げます。平らなところは木片に巻き、くぼんだ部分は鉛筆に巻いて磨きます。

[出来上りの確認]
引出しや扉は着色する前に、必ず本体とサイズが合うかを確認します。

[ボンド]
木の接着は木工ボンドを使いますが、はみ出るとその部分だけニスがのらなくなります。ボンドをつまようじにとり、接着面にのばしてつけて、はみ出した場合はふいておきます。

[金具つけ]
金具は着色してからつけます。つけるとき、金具の位置にあらかじめコンパスの針のようなもので、小さく穴をあけて、くぎを打ちやすくします。

[引出しの作り方]
引出しはすべて図のように接着し、aのみ着色します。

[引出しの取っ手]
ドールハウス用のものがなくても、いろいろな取っ手が工夫できます。

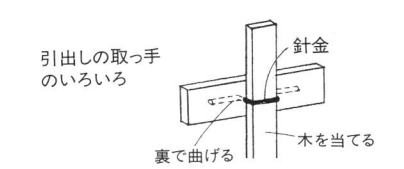

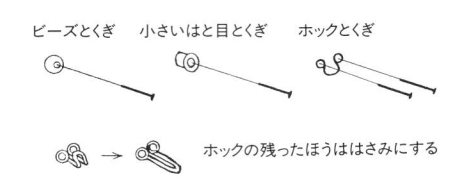

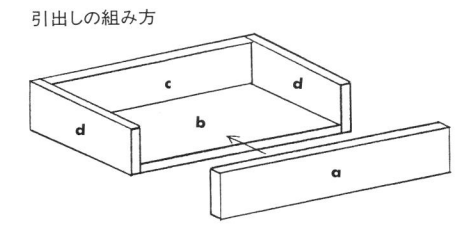

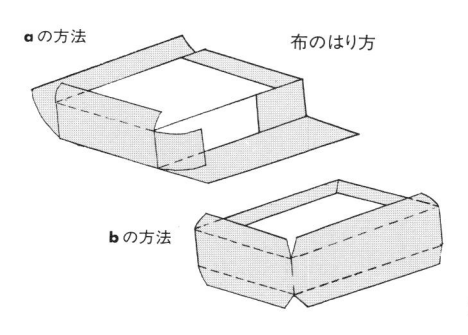

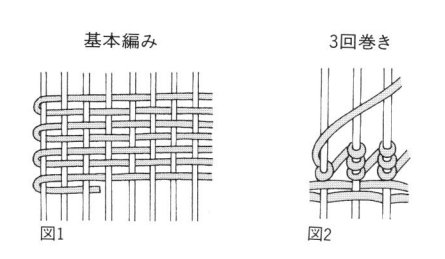

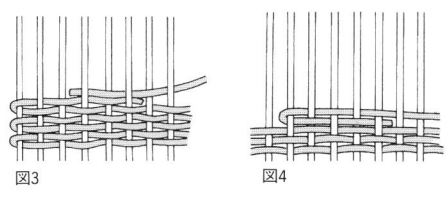

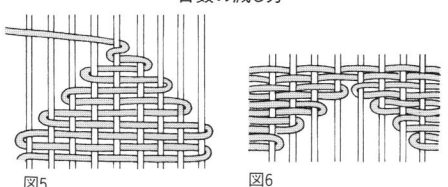

布を使う家具

木の代りにデザインボード、布の接着に両面接着紙などをよく使います。

[デザインボード]
発泡スチロールの両面に白の紙をはったもの。画材売り場にあります。ケント紙は、なければ画用紙かストッキングの中に入っている芯の紙でもいいのです。

[両面接着紙]
布や紙をはるのに大変便利なのりのついた紙です。使い方は、はりたい布や紙の裏に、接着紙ののりのついた面をのせ、上から中温度のアイロンで4～5秒押さえ、紙をはがすとのりのついた布や紙ができます。この布や紙をはりたい位置に当て、アイロンで軽く押さえるとしわが寄らずに、裁ち端もきれいにはれます。

[布のはり方]
布をかぶせるとき、その場所によって2とおりの方法があります。

[プリーツメーカー]
布にひだをつける道具。カーテンや布の家具の飾り布に使っています。裾上げや布端を始末してからプリーツを作ります。（P.73参照）

ウィッカー家具

基本的な材料はシート用の板とつまようじ、24番の太巻きワイヤ（造花用）、ウィッカーコードがあればできます。

[穴の位置をしるす前に着色]
型紙を作り、のこぎりとナイフで板を切り、サンドペーパーで形を整えてから着色し、穴の位置をしるします。

[穴の大きさ]
ピンバイスで穴をあけます。つまようじのつくところは2.2ミリ、ワイヤは1.2ミリの穴をあけますが、2.2ミリの穴は木が割れやすいのでよく注意してていねいにあけてください。

[穴の位置]
椅子を作るときの、シートの前の穴の印は裏側につけ、表側まで貫通しないよう、板の厚みの半分まで穴をあけます。もし貫通した場合は布のシートをつけて隠します。

[編み方]
特に指定がなければ基本編みです。編始めや編終りは、コードにボンドをつけて、3本くらい重ね編みします。

Ladder Back Chair

ラダーバックチェア

☞ page 38

materials

[材料]

- **A** = 2×4×124　2本
- **B** = 2×2×124　2本
- **C** = 1×2×124　2本
- **D** = 1×2×31　18本
- **E** = 4×4×28　1本
- **F** = 1×2×30　4本
- **G** = 2×5×28　4本
- **H** = 4×4×40　2本
- **I** = 2×2×28　5本
- **J** = 1×2×8　4本

ひのき棒

厚さ5のデザインボード　28×28
厚さ5のスポンジ　28×28

- **a** = 50×50　1枚
- **b** = 27×27　1枚

両面接着紙をはった布

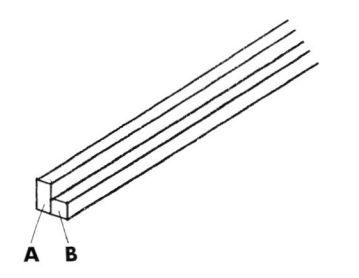

1 細い棒ばかりなので、先に着色してからカットする。

2 AとBを図のように接着し、背の実物大図の上に置き、EとDを接着する。

3 Bの上にJを接着、その上にCをつける。

4 裏側にFをつける。

5 デザインボードにスポンジをつけ、aの布でおおい、その裏にbの布をはる。回りにGを接着する。

6 H、I、シート、背を接着する。

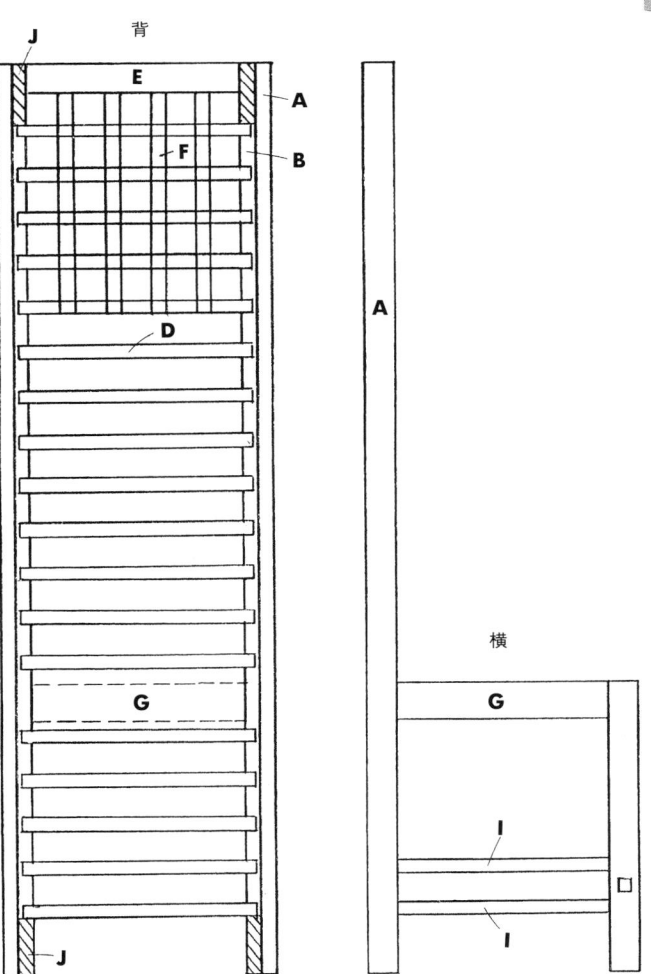

背

上から見たところ

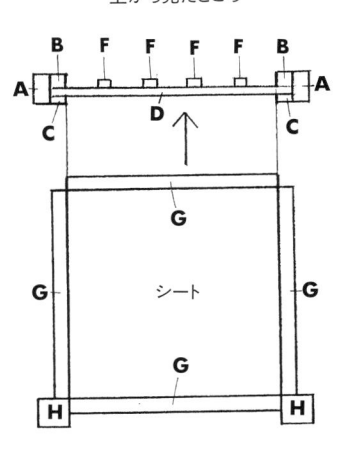

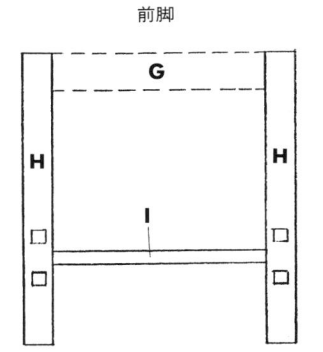

横

前脚

Night Table

ナイトテーブル

☞ page 34

materials

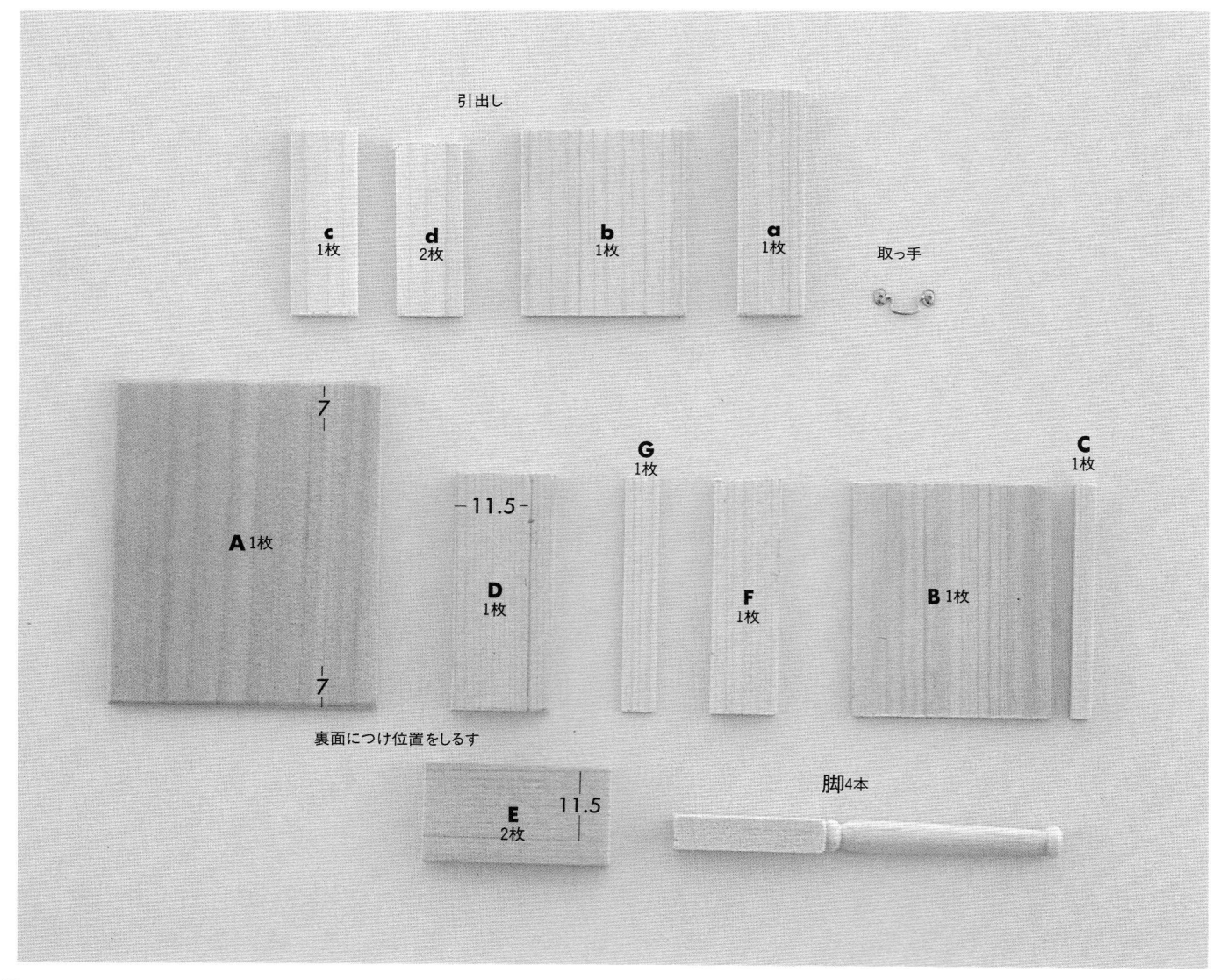

[材料]　Aはアガチス、他はひのき棒

- **A** ＝ 3×40×50　1枚
- **B** ＝ 2×30×36　1枚
- **C** ＝ 3×3×36　1枚
- **D** ＝ 5×15×36　1枚　本体用
- **E** ＝ 5×15×28　2枚
- **F** ＝ 3×10×36　1枚
- **G** ＝ 1×5×36　1枚
- **a** ＝ 3×10×35　1枚
- **b** ＝ 2×25×29　1枚　引出し用
- **c** ＝ 2×10×29　1枚
- **d** ＝ 2×10×27　2枚

脚（または5×5×58のひのき棒）　4本
引出しの取っ手　1個

引出し

c 1枚　d 2枚　b 1枚　a 1枚　取っ手

A 1枚
-7-
-7-
裏面につけ位置をしるす

-11.5-
D 1枚

G 1枚
F 1枚
B 1枚
C 1枚

E 2枚　11.5

脚 4本

1 引出しを作り(P.50参照) aだけ着色(写真は水性ニス)して、取っ手の金具をつけておく。Aは上面三方を金やすりで丸みをつけ、A D Eの裏につけ位置を鉛筆でかいておく。

2 脚はカットして長さを調節し(本来は脚用ではないため)、Dの両サイドにつけ、Dの線の上にFをつける。左図のようにBの前面に、上が平らになるようにCを接着して、地板を作る。

3 Dの上に後ろ側をそろえてAをはる。片側の後ろ脚にEと前脚をつける。
Aの裏面に、前脚とそろえてGをつけ、D Eの線の下に地板Bをつける。反対側もEと前脚を接着する。

4 引出しを入れる。

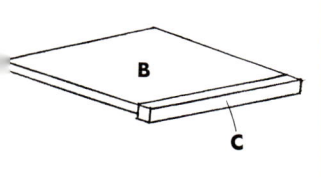

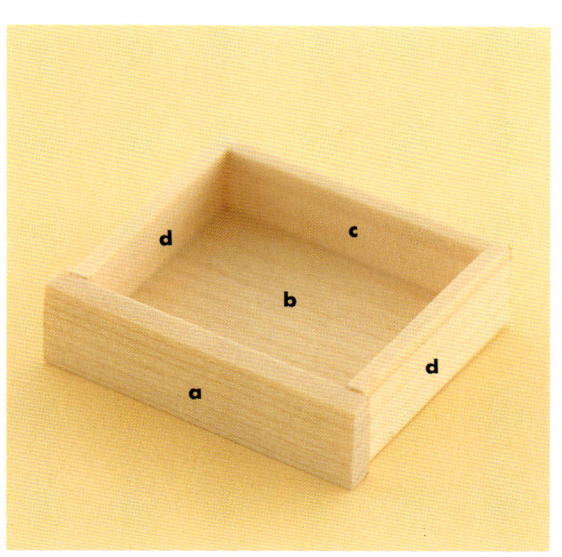

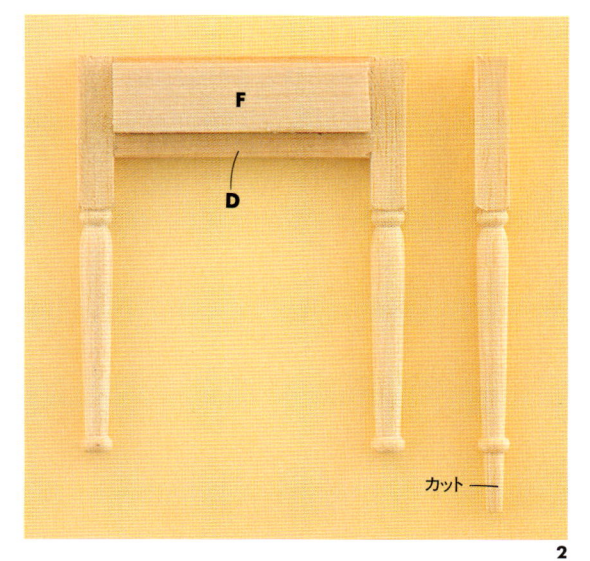

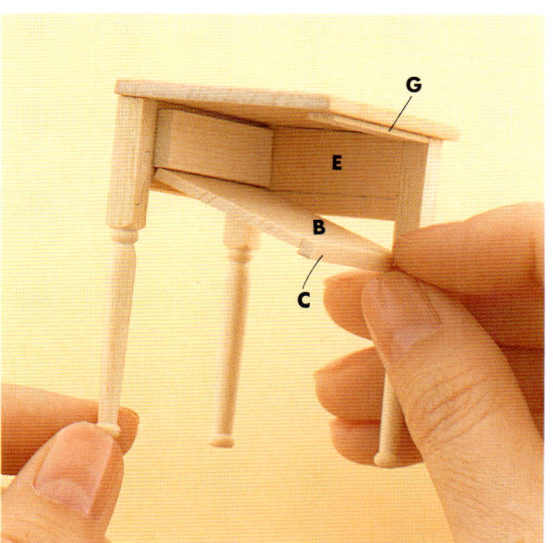

CHEST

チェスト

☞ page 18 33

materials

[材料]
- A = 3×50×70　2枚 ┐
- B = 3×40×68　2枚 ├ アガチス
- C = 3×40×42　2枚 ┘
- D = 2×8×70　2枚 ┐ ひのき棒
- E = 2×8×50　2枚 ┘
- 直径6のウッドビーズ　4個
- ちょうつがい　2個
- ボール紙　33×53
- 厚さ5のスポンジ　33×53
- 両面接着紙をはった布　50×70

1 BとCをつけ、Aの中央に接着し、Aの裏にウッドビーズの脚をつける。

2 ふたAの上にDEを接着する。

3 着色してからふたとBの後ろにちょうつがいをつける。

4 ボール紙の上にスポンジをつけ、その上を両面接着紙をはった布でおおい、軽くアイロンで接着してシートを作る。そのシートをふたのくぼみにボンドでつける。

● 24ページの保育室のおもちゃ箱は脚とくぼみのシートはつけない。

● 33ページのアトリエのチェストは、ウッドビーズの脚の代りに56ページと同じひのき棒の脚をつける。

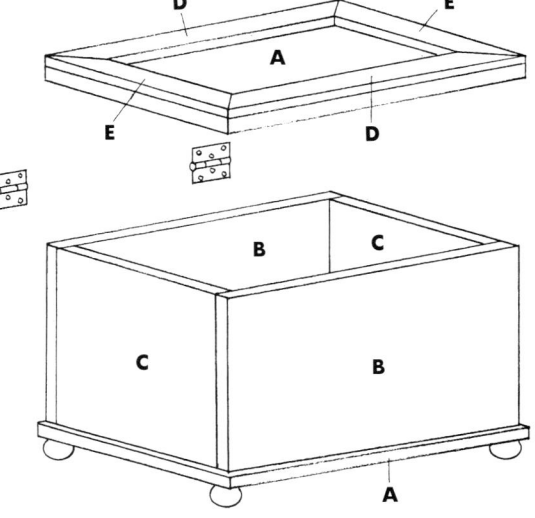

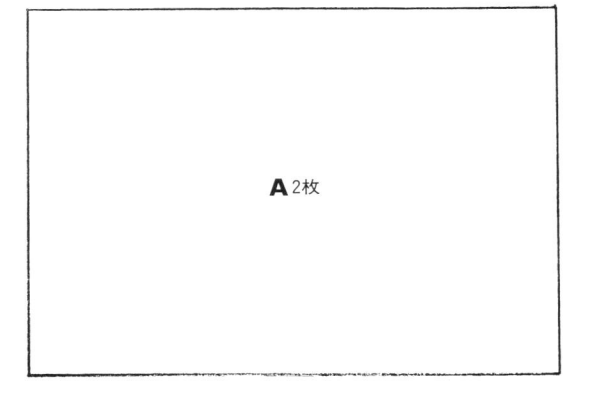

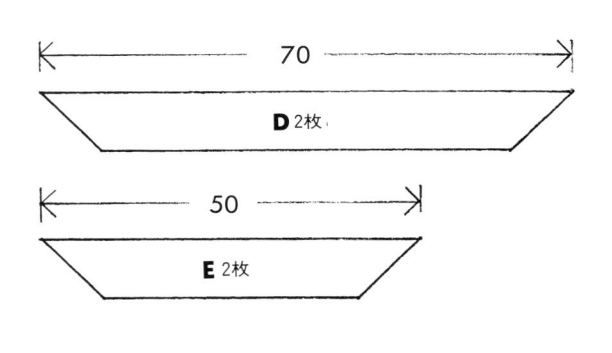

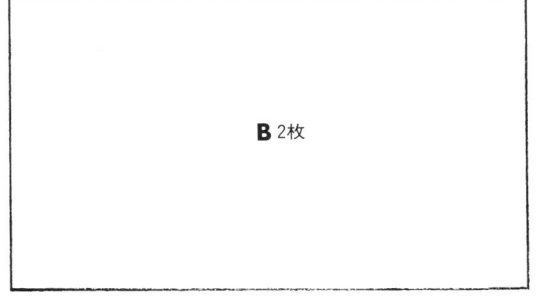

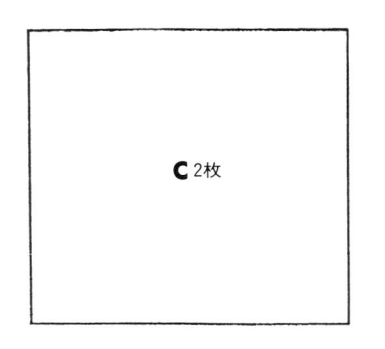

A 2枚

|← 70 →|
D 2枚

|← 50 →|
E 2枚

B 2枚

C 2枚

WORK TABLE

作業台

☞ page 32

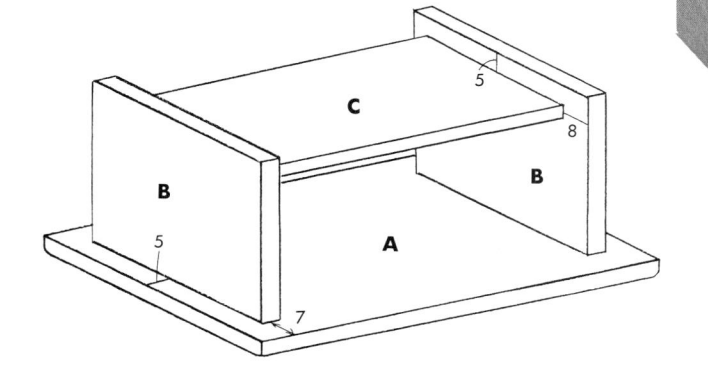

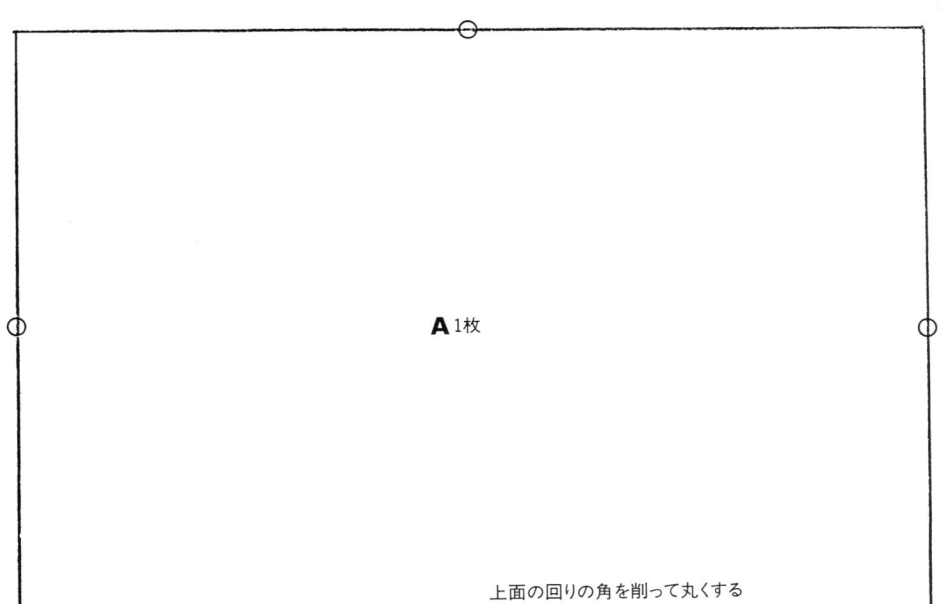

materials
［材料］
A = 5 ×80×120　1枚 – アガチス
B = 5 ×50×66　2枚 ┐ひのき棒
C = 5 ×50×100　1枚 ┘

1 Aの上面になる角をやすりで落として丸みをつけておく。
2 BCを組み立てAに接着する。

A 1枚

上面の回りの角を削って丸くする

B 2枚

C 1枚

CHEST
チェスト

☞ page 35

materials
[材料]

- **A** = 3×40×90　2枚 ┐
- **B** = 3×40×86　2枚 ├ アガチス
- **C** = 3×40×32　2枚 ┘
- **D** = 2×5×90　2本 ┐
- **E** = 2×5×30　2本 │
- **F-1** = 2×5×13　2枚 ├ ひのき棒
- **F-2** = 2×5×15　4枚 ┘
- 1×5×約600
- ちょうつがい　2個
- 取っ手　2個

A 2枚

取っ手

ちょうつがい

B 2枚

C 2枚

D 2本

―13―　―15―

F-1 2枚　F-2 4枚　E 2本

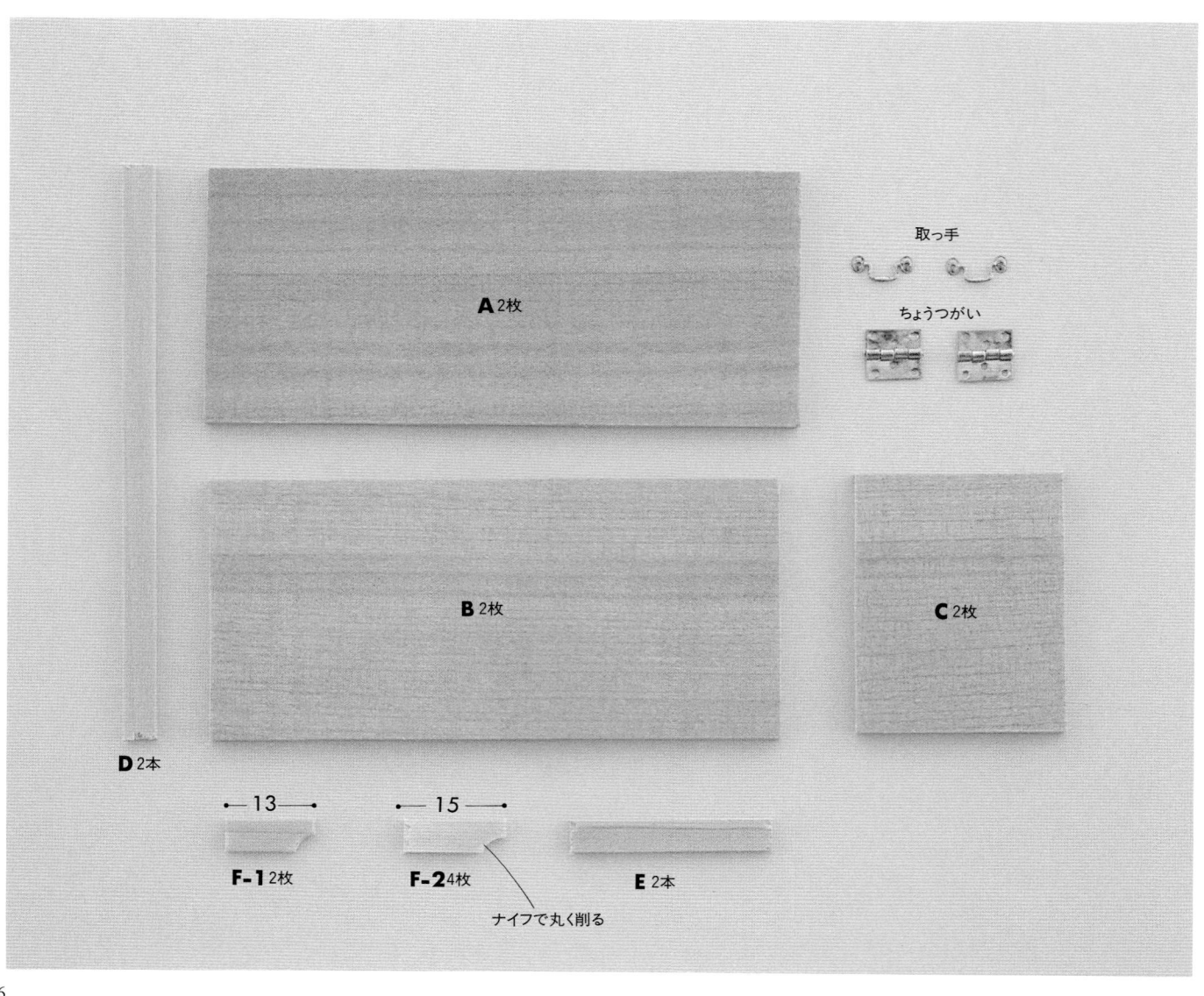

ナイフで丸く削る

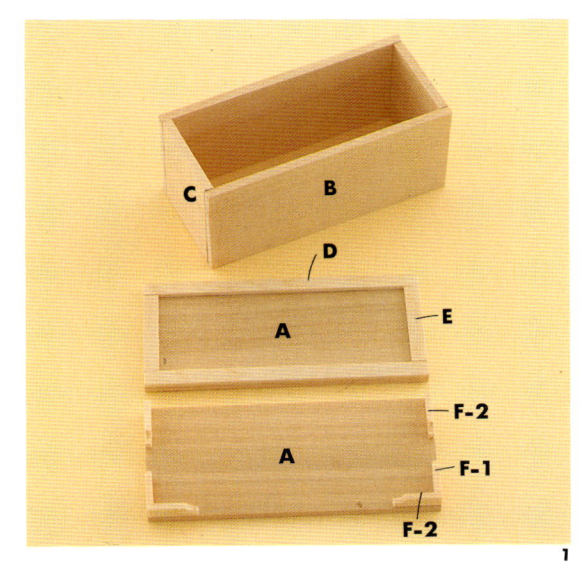

1 BとCを合わせる。Aのふたにdとeをはり、もう1枚のAにFをつける。

2 後ろ側をそろえてAの底とBCを合わせる。

3 1×5のひのき棒を、直接サイズを合わせながらカット。

4 両サイドからはっていく。

5 同じように前面にもひのき棒をはり（後ろ側にははりません）、ここで着色（写真は水性ニス）する。

ちょうつがいをつけ、両横に取っ手の金具をつける。

CUPBOARD

カップボード

☞ page 15

materials

[材料]　Aはアガチス、他はひのき棒

A＝3×100×105.5　1枚 ⎫
B＝5×20×100　1枚 ｜
C＝5×30×94　1枚 ｜
D＝3×30×106　1枚 ｜
E＝3×15×94　2枚 ⎬ 本体用
F＝2×15×94　1枚 ｜
G＝3×15×87　2枚 ｜
H＝3×30×15.5　2枚 ｜
I＝2×15×10.5　2枚 ｜
J＝4×4×約170　1本 ⎭
（三角柱）

a＝3×10×29　3枚 ⎫
b＝2×25×24　3枚 ⎬ 引出し用
c＝2×10×24　3枚 ｜
d＝2×10×27　6枚 ⎭

高さ40のドールハウス用猫脚　4本
引出しの取っ手　3個
ヒートン　8個

1　下側のCHIDを前面をそろえて接着し、後ろにAをつける。
2　Dの上にGE（Gのつけ線の上につける）Fを接着しBを上につける。
3　45度にカットしたJを、Bの上面にそろえて接着する。
4　引出しを3つ作る。
5　形を整えた猫脚をつける。
6　着色をしてから金具をつける。

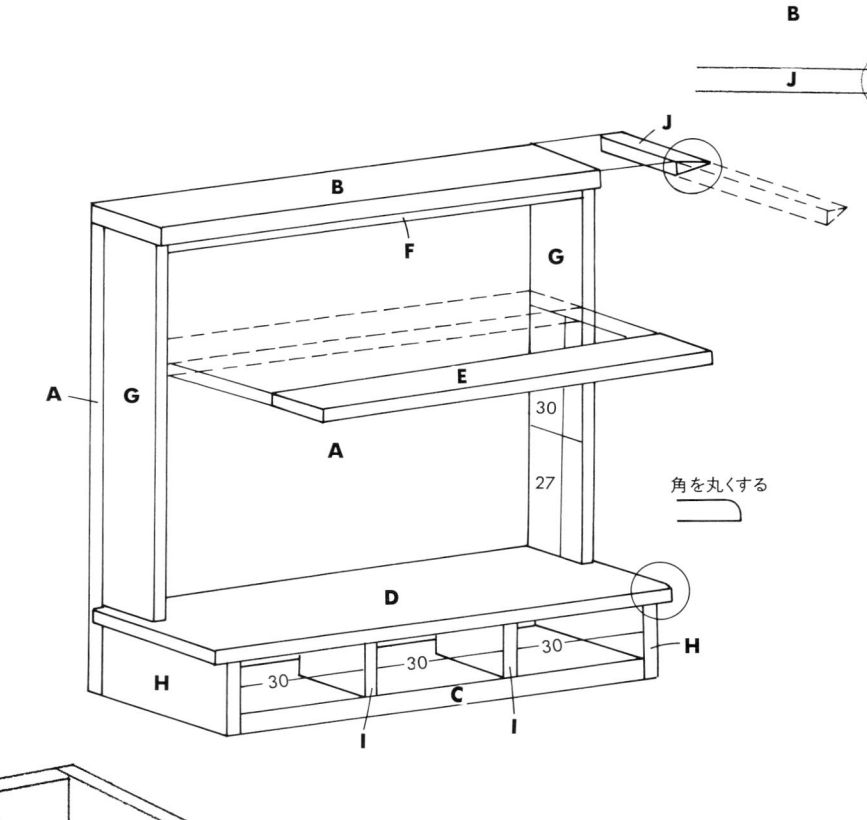

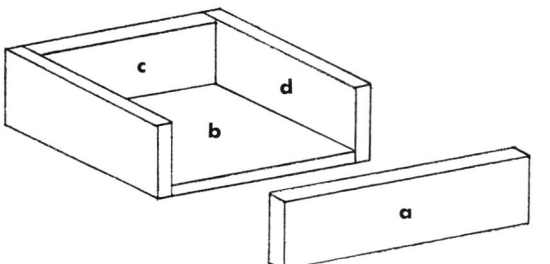

引出し

a 3枚

b 3枚

c 3枚

d 6枚

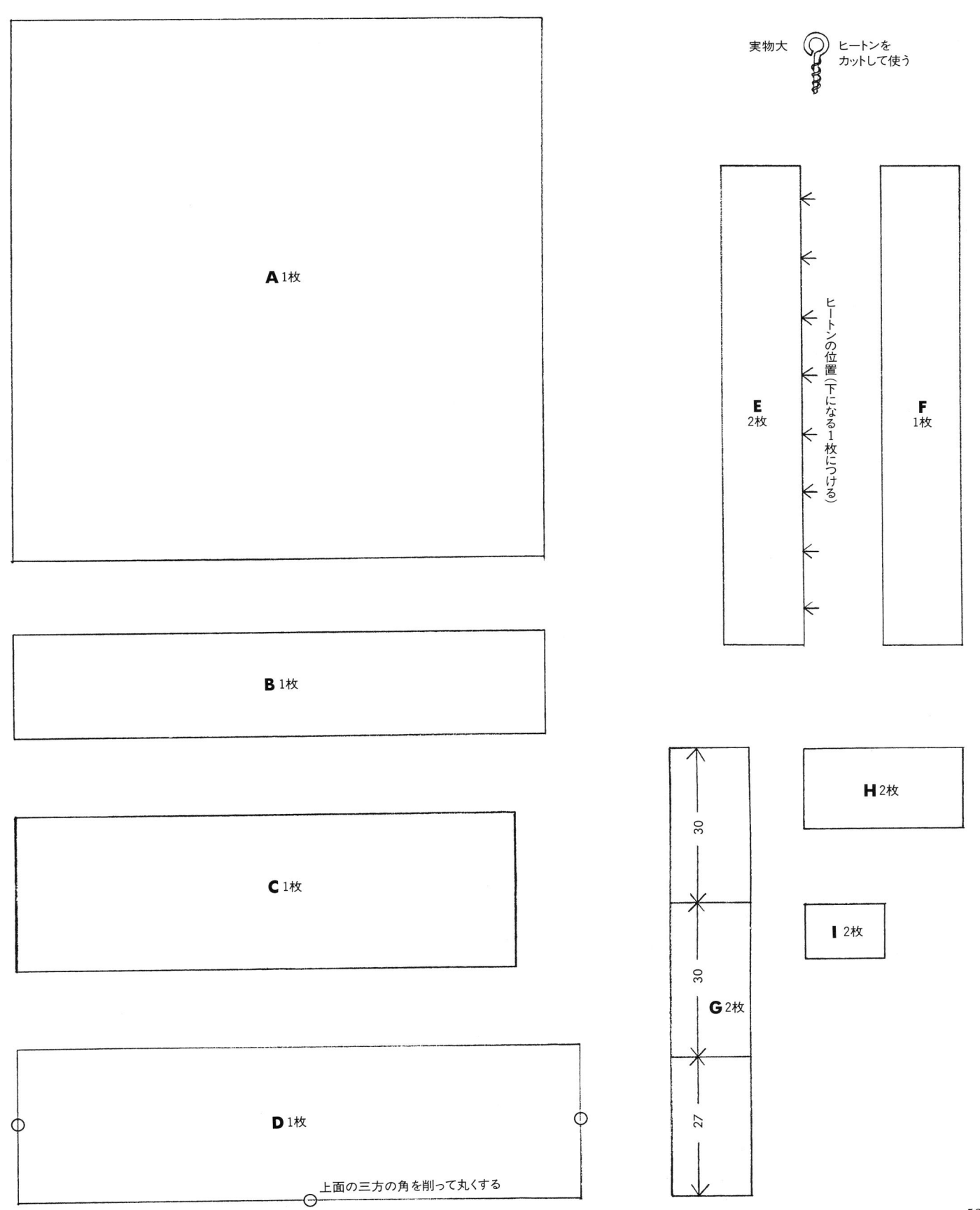

実物大 ヒートンを
カットして使う

A 1枚

B 1枚

C 1枚

D 1枚

上面の三方の角を削って丸くする

E 2枚 ヒートンの位置（下になる1枚につける）

F 1枚

G 2枚
30
30
27

H 2枚

I 2枚

BOOK CASE
本棚 ☞ page 34

- **B** 2枚
- 32
- 28
- 28
- 12.5
- 49.5
- **D** 1枚
- **A** 1枚
- **E** 5枚
- 2.5 / 1.5
- **C** 1枚
- **F** 1枚
- **G** 8本
- **K** 1本
- **I** 1枚
- 1×5のひのき棒約300
- 94
- 35
- **J** 2枚
- 1.5 / 2.5
- **H** 1枚
- **b** 2枚
- **c** 2枚
- **d** 4枚
- **e** 2枚
- **a** 2枚

60

materials

[材料] Aはアガチス、他はひのき棒

A = 3×90×150　1枚
B = 3×30×150　2枚
C = 5×30×84　1枚
D = 3×30×84　1枚
E = 2×30×84　5枚
F = 3×30×10.5　1枚 ｝本体用
G = 2×2×25　8本
H = 2×5×84　1枚
I = 3×6×94　1枚
J = 3×6×35　2枚
K = 2×2×10　1本
a = 3×10×40　2枚
b = 2×25×36　2枚
c = 2×8×36　2枚 ｝引出し用
d = 2×8×27　4枚
e = 2×40×41.5　2枚 ｝扉用
1×5×約300　ひのき棒
引出しの取っ手　2個
扉の取っ手　2個
細いくぎ　4本

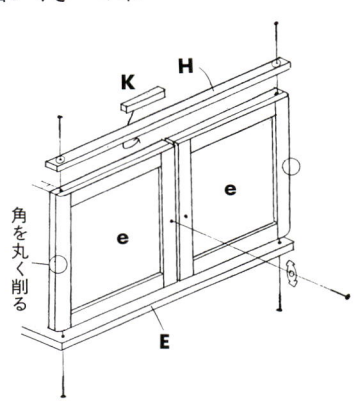

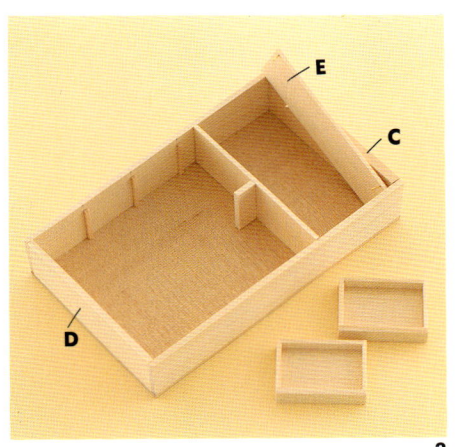

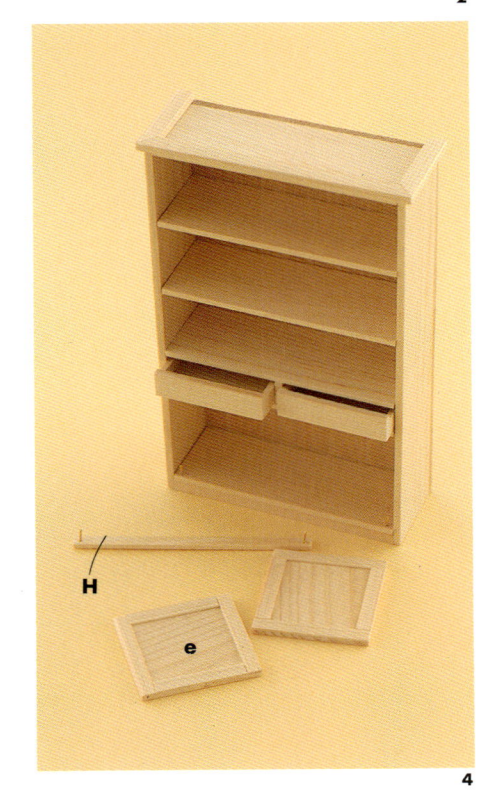

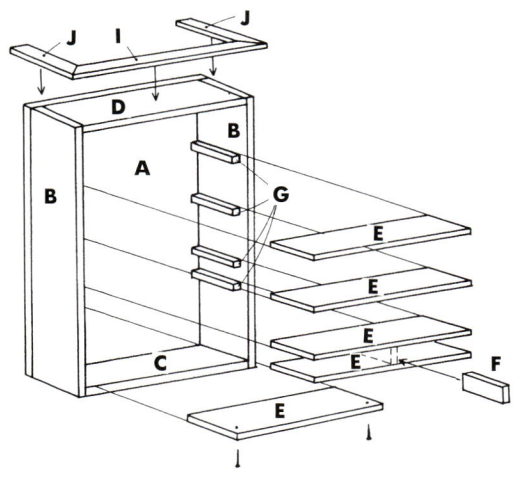

後ろ側にそろえる

1 Bにしるしたしたのつけ線の下側にGをボンドで接着。Eの1枚とHにピンバイスで穴をあけておく。

2 AにBの1枚をつけ、さらにCDBをつける。Cの上にくぎを通したEをはり、他のEも下から順に接着。下から2つめのEは、引出しの仕切り板FをEの中央につけ、引出しを作っておく。(P.50参照)

3 Dの上にIJをはる。

4 eに1×5のひのき棒をはり扉を作る。扉の片側の上下にピンバイスで穴をあける。

5 引出しの奥を除いて全体に着色(写真は水性ニス)する。乾いたら扉と引出しに金具をつけ、EとHのくぎを扉の穴に刺し、扉をはめ込んでHをつける。

6 Hの下側、奥の端にそろえて扉止めのKをつける。

角を丸く削る

CHEST OF DRAWERS

たんす

☞ page 19 24

materials

[材料] Aはアガチス、他はひのき棒

- **A** = 3×60×70　1枚 ┐
- **B** = 5×30×60　1枚 │
- **C** = 3×30×66　1枚 ├ 本体用
- **D** = 3×30×75　2枚 │
- **E** = 2×20×60　4枚 │
- **F** = 2×10×24　8枚 ┘
- **G** = 4×4×約150
  （三角柱）
- **a** = 3×15×59　4枚 ┐
- **b** = 2×20×50　4枚 ├ 引出し用
- **c** = 2×15×50　4枚 │
- **d** = 2×15×22　8枚 ┘
- 引出しの取っ手　8個

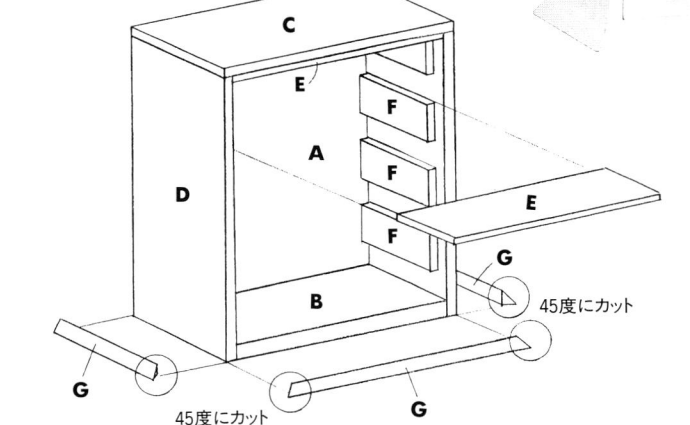

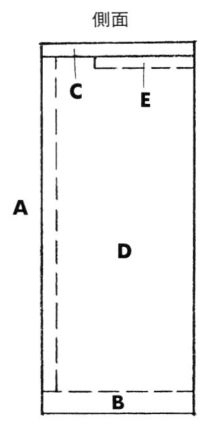

1 引出しを作っておく。
2 DにFを接着し、ABCDを組み立てる。
3 Eは前面にそろえて接着。
4 Gを本体に合わせ、サイズをしるして、45度にカットしたものをはる。

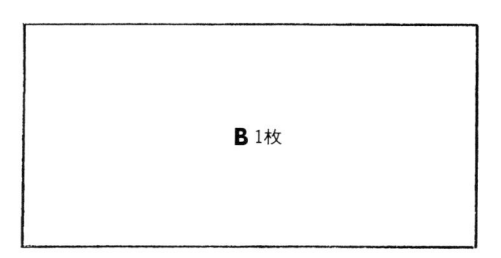

側面

45度にカット

Fがつく位置

17.5
17.5
17.5
20.5

D 2枚

B 1枚

C 1枚

A 1枚

E 4枚

F 8枚

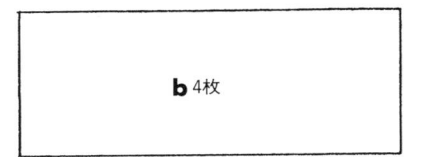

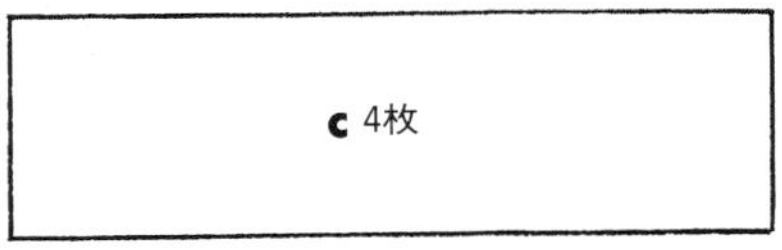

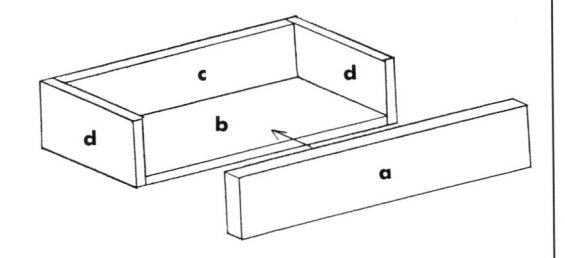

WALL SHELF

壁棚
☞ page 17

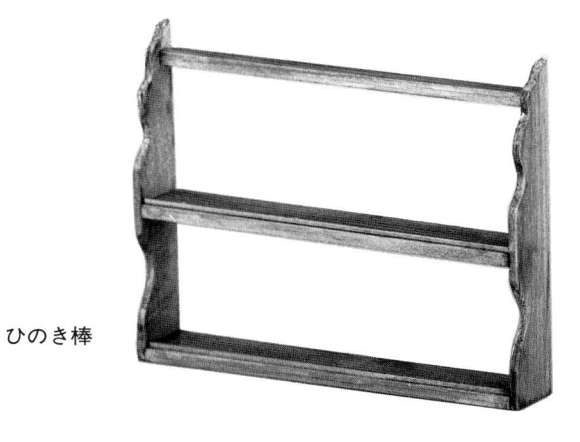

materials
[材料]

A = 2×15×75　2枚 ⎫
B = 3×15×90　2枚 ⎬ ひのき棒
C = 3×5×90　1枚 ⎪
D = 1×1×90　2本 ⎭

AにしるしたBCがつく線の上側にBCをつけ、Bの手前1ミリあけてDをつける。

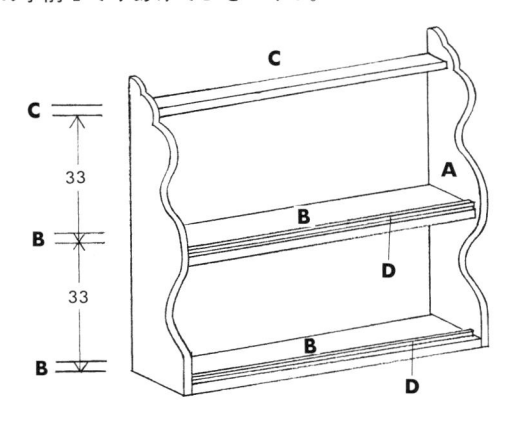

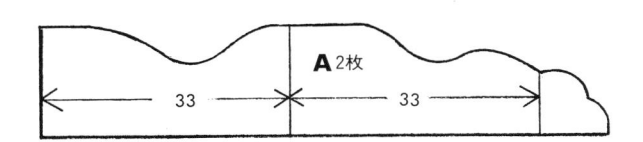

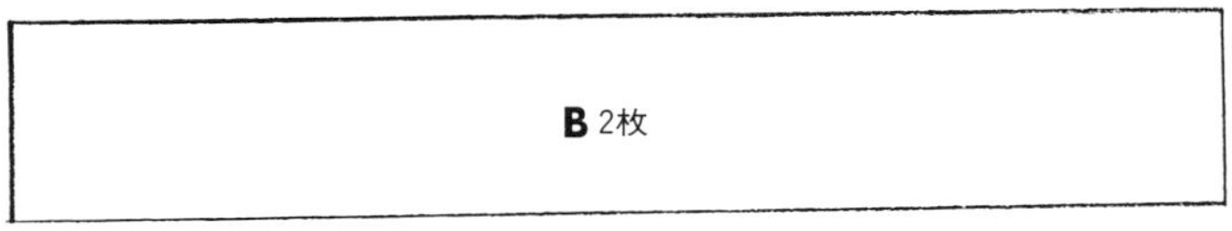

a 4枚

b 4枚

c 4枚

d 8枚

A 2枚　33　33

B 2枚

C 1枚

D 2本

# BED
ベッド
☞ page 35

A 1枚

B 1枚

C 1枚

ベッドポスト

E 4枚
20
20

D 2枚

64

materials

［ベッドの材料］
A＝3×120×150　1枚 ⎤
B＝3×40×118　1枚 ⎬ アガチス
C＝3×30×118　1枚 ⎦
D＝3×15×148　2枚 ⎤ ひのき棒
E＝5×20×20　4枚 ⎦
ベッドポスト　4本
または直径6の丸棒70と60各2本

1 Aの裏にEをはる。
2 Aの底にそろえてBCDをはる。
3 四隅の開いているところの、床から30ミリにベッドがくるようにベッドポストをつける。
4 マットの材料。
5 デザインボードにスポンジを両面接着テープで止め、接着芯で包みアイロン接着する。
6 枕も同じく接着芯で包み、両端はマットまでくるんでボンドで止める。
7 ベッドを着色（写真は水性ニス）してマットを入れる。

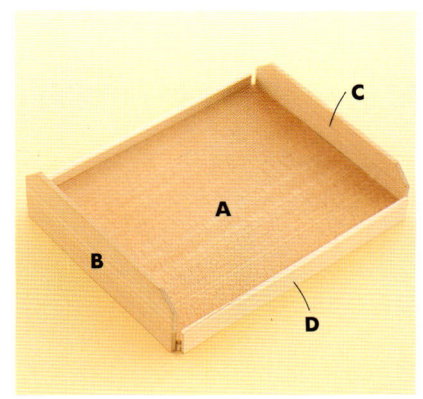

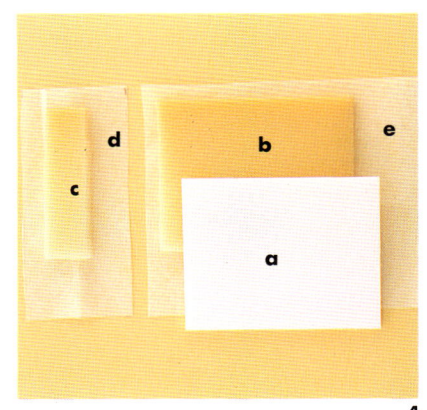

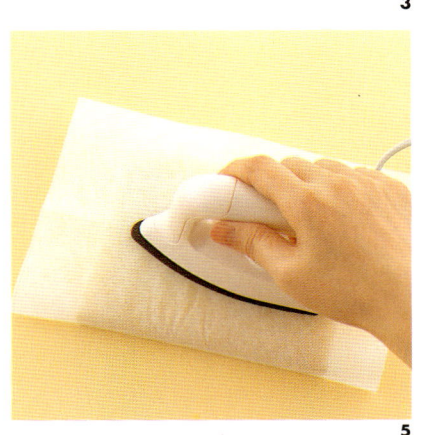

materials

［マットの材料］
厚さ7のデザインボード
a＝118×148
厚さ10のスポンジ
b＝118×148
c＝118×30
接着芯
d＝180×80
e＝180×220

BENCH

ベンチ ☞ page 20 33

materials
[材料]

A = 3×50×120　1枚　アガチス
B = 5×20×110　1枚 ┐
C = 3×15×110　1枚 │
D = 3×30×110　2枚 │
E = 3×30×40　 2枚 ├ ひのき棒
F = 6×6×75　　2本 │
G = 6×6×50　　2本 │
H = 6×6×46　　2本 ┘
I = 5×10×110　2枚 ┐ バルサ
J = 5×10×30　 2枚 ┘

1×5のひのき棒約530
1×18のひのき棒約150
直径3×11の丸棒　2本
直径8のウッドビーズ　2個

1 I J D E を接着し、その上にA をつける。
2 F B C G をつけ、床と平行に H をつける。
3 E D の上に1×5と1×18のひのき棒を合わせてサイズにカットして接着する。(後ろはつけない)
4 ウッドビーズに丸棒を通し、F に接着する。
● 33ページのベンチはニスを塗ってから、細い油性ペンで絵をかく。

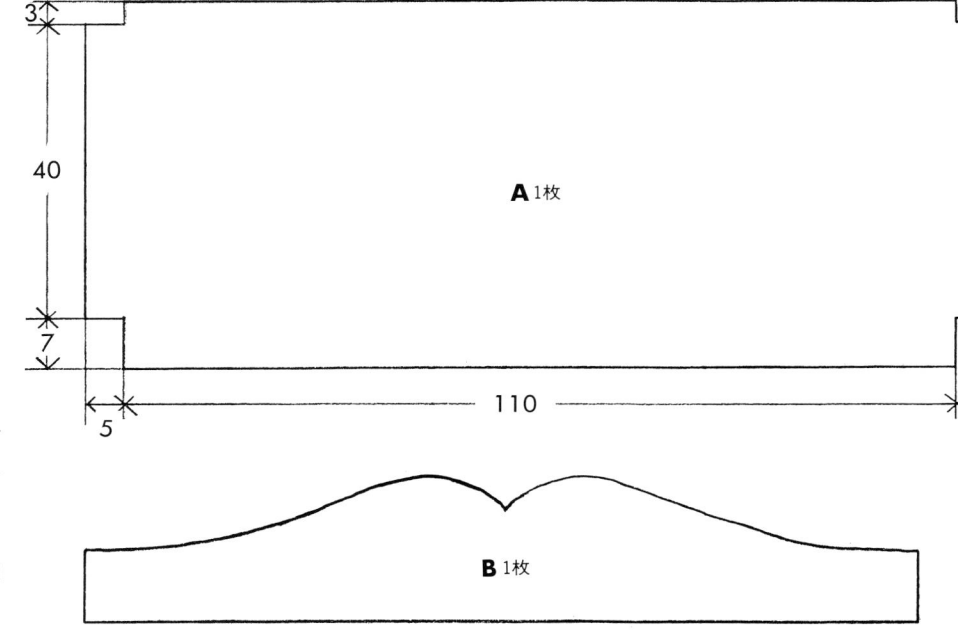

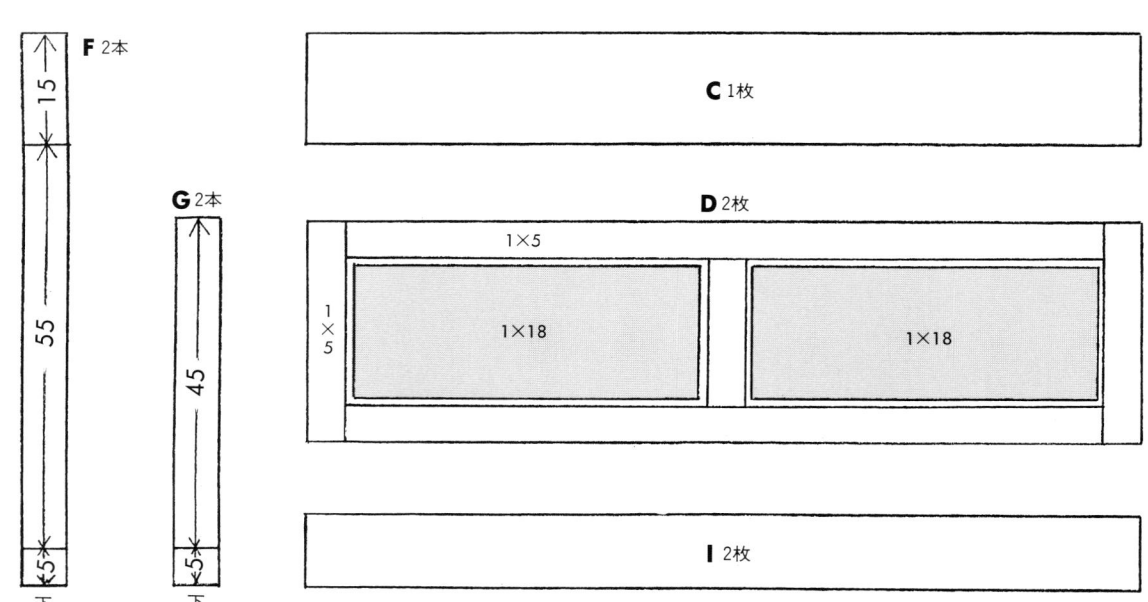

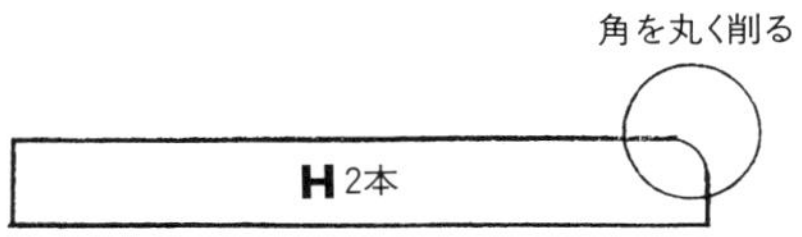

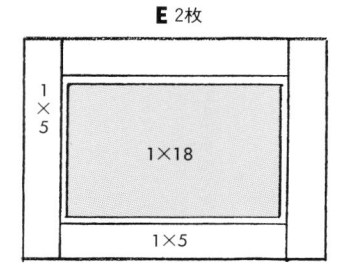

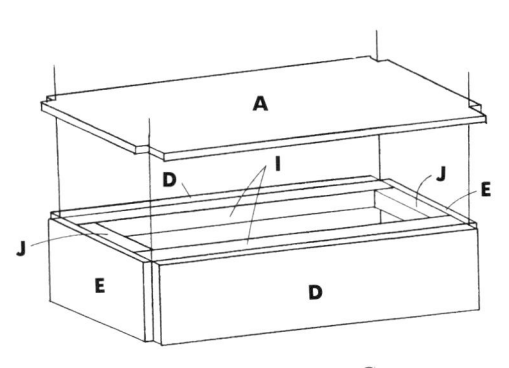

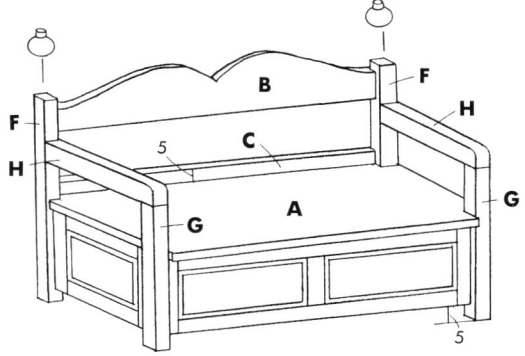

CENTER TABLE
センターテーブル

☞ page 17 37

materials
[材料]

A = 3×50×80 1枚 アガチス
B = 6×6×70 2枚 ┐ ひのき棒
C = 6×6×40 2枚 ┘

高さ約30のドールハウス用猫脚 4本

Aの裏にBCを接着し、四隅に形を整えた脚を接着する。

● 37ページのテーブルはAの上面に帆船模型用の飾り棒をはっている。

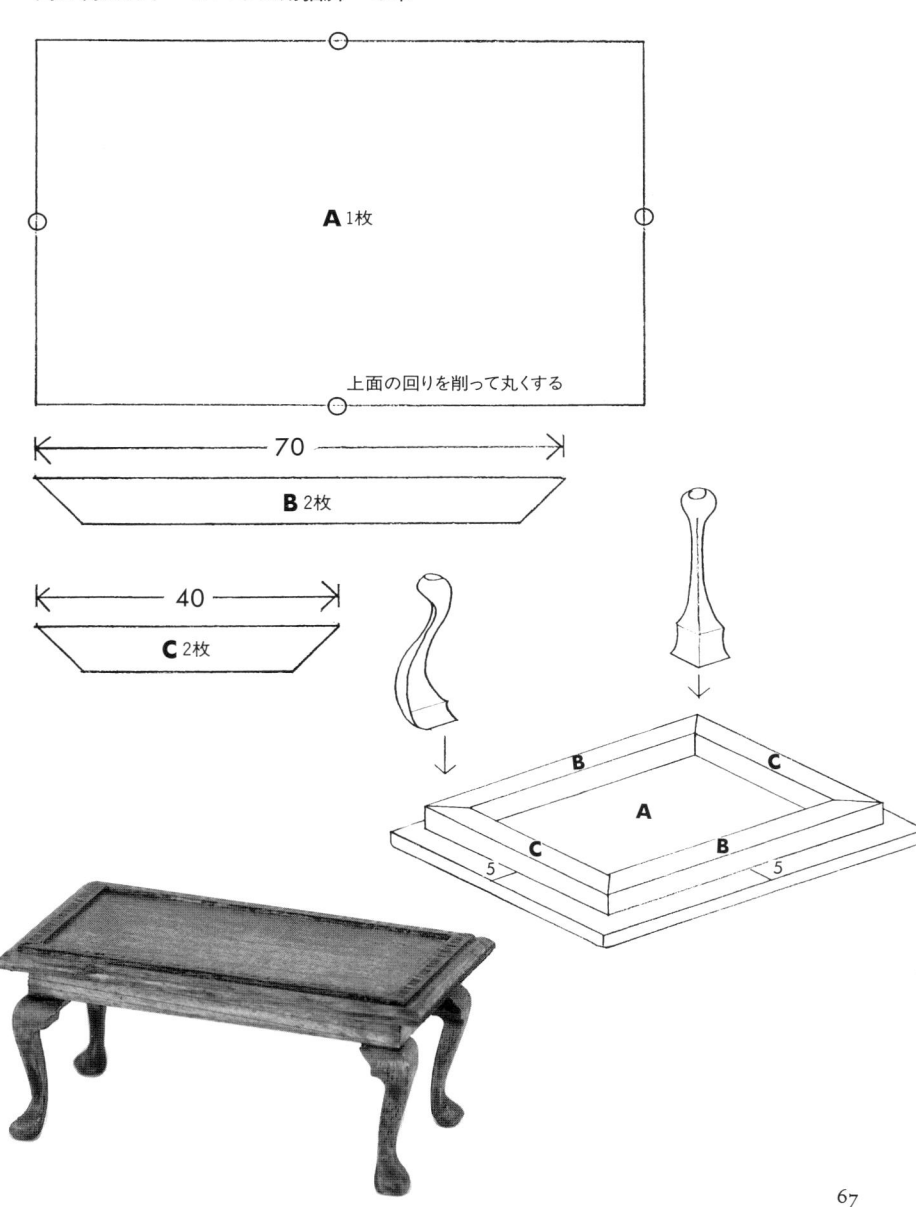

A 1枚
上面の回りを削って丸くする

70
B 2枚

40
C 2枚

角を丸く削る
H 2本

E 2枚
1×5
1×18
1×5

J 2枚

ARM CHAIR
TABLE & BENCH

ウイッカーのアームチェア、テーブル、ベンチ

☞ page 15 23 30

materials

［アームチェアAの材料］
ウィッカーコード約11m

A ＝実物大図　1枚　厚さ2の板

a ＝長さ100　　7本 ⎫
b ＝長さ70　　14本 ⎬ 24番の太巻きワイヤ
c ＝長さ45　　2本 ⎪
d ＝長さ30　　8本 ⎭

長さ33のつまようじ　2本（前脚）
長さ32のつまようじ　2本（後ろ脚）

● 作る前に50ページのウィッカー家具のところをよく読んでください。

● アームチェアB、テーブル、ベンチの材料と作り方は105ページへ続く。

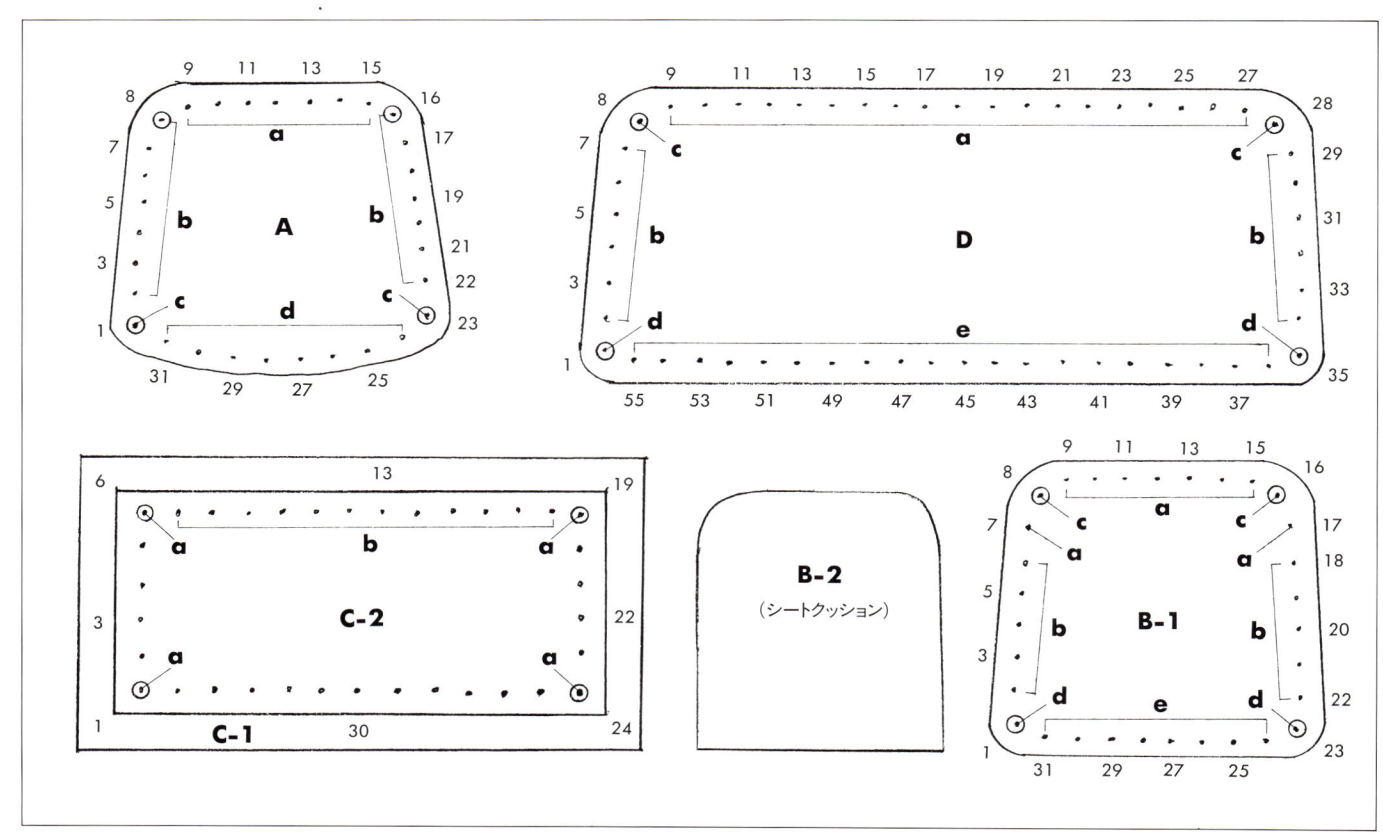

アームチェアB　　　アームチェアA

1 1、8、16、23の穴につまようじを接着し、その上に1.2ミリのピンバイスで穴をあける。

2 a b cのワイヤを、シートの下に25ミリ残して接着。脚のところのワイヤはシートの上だけにつける。

3 1〜23まで8往復(約15ミリ)編み、1に戻ったらその続きのコードでアーム部分の1〜7まで10往復編み、コードをカットする。

4 コードをつなぎ反対側のアーム部分(17〜23)を同様に編む。

5 背の部分(8〜16)は8から5段編み、次に16、15の順に3回巻きを1段編み、8に戻ったら、3段編む。3回巻きを1段、基本編みを3段をあと2回繰り返し、次にもう一度3回巻きをして8に戻る。(P.50図2参照)

6 基本編みを6段編み、次に1目ずつ減らし、中央のワイヤまできたらコードに接着剤をつけ、3本ほど編んでコードを切る。(図5参照)

7 シートの下にdのワイヤを接着する。

8 23から22、21と編み始めて10段編む。

9 10段編んだら、23の脚に4回巻き、ワイヤ部分は3回巻き、脚には4回巻いて1周する。

10 次に2段編み、23に戻ったら逆方向に27まで編み、今度はまた逆方向に20まで編む。1目ずつ減らして23に戻ったら脚に接着剤をつけ、コードを巻きつけ脚先でカットする。(図6参照)。

11 他の脚も同様に巻く。

12 25センチの長さのコードを6本束ね、2本どりで三つ編みする。

13 余分なワイヤをカットして、ワイヤの先に接着剤をつけ、よく乾かす。

14 アーム部分をラジオペンチで外側に曲げ、さらに手で巻くように形を整える。

15 背の部分に三つ編みを接着する。

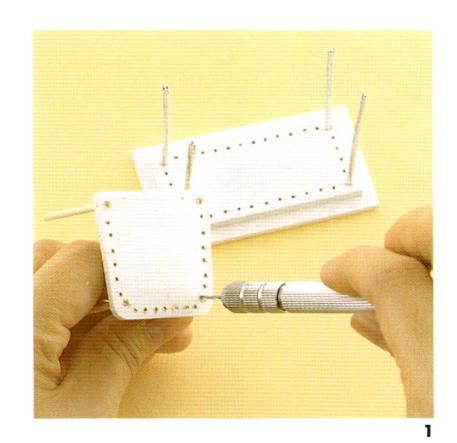

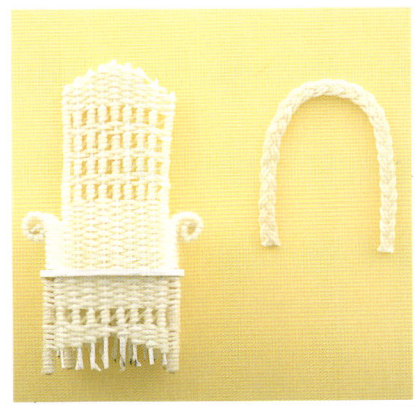

DRESSER & STOOL

ドレッサーとスツール ☞ page 18

materials

[材料] Aはアガチス、他はひのき棒

A ＝ 3×40×70　1枚 ┐
B ＝ 3×30×56　1枚 │
C ＝ 3×5×56　1枚 │
D ＝ 2×20×56　1枚 ├ 本体用
E ＝ 2×20×28　2枚 │
F ＝ 3×10×56　1枚 │
G ＝ 1×10×56　1枚 ┘
a ＝ 3×10×55　1枚 ┐
b ＝ 2×25×50　1枚 ├ 引出し用
c ＝ 2×10×50　1枚 │
d ＝ 2×10×27　2枚 ┘
脚＝ドールハウス用細工棒　4本
（または5×5×60のひのき棒）
引出しの取っ手　2個
H ＝ 3×30×30　1枚 ┐
I ＝ 3×5×36　4本 ├ 鏡用
J ＝ 3×5×38　2本 │
K ＝ 3×5×35　2本 ┘
厚さ2の鏡　30×30　1枚
長さ6の細いくぎ　2本
（長い場合はカットする）

1 本体は52ページのナイトテーブルと同じだが、DEは図のように脚の内側とそろえてつける。
2 鏡は後ろをそろえてHIを接着し、鏡をつける前に着色する。
3 よく乾いてから鏡をつける。
4 JKを接着して着色する。
5 くぎで枠に鏡をつける。
6 本体に接着する。

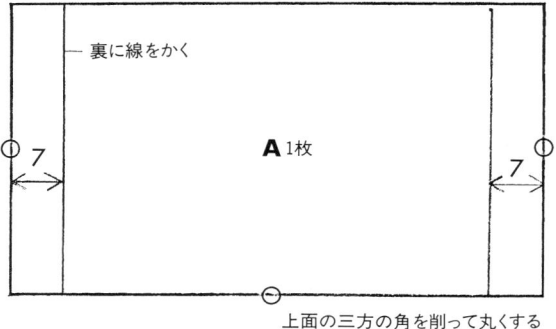

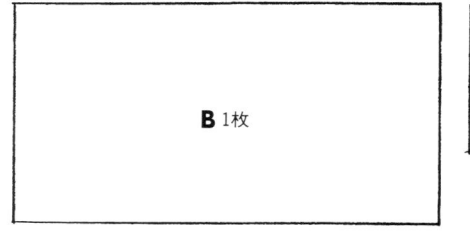

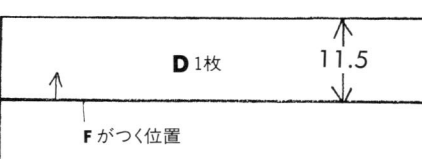

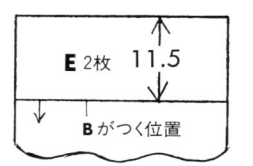

―裏に線をかく

A 1枚

7　　　　7

上面の三方の角を削って丸くする

B 1枚

D 1枚　11.5
Fがつく位置

E 2枚　11.5
Bがつく位置

C 1枚

F 1枚

G 1枚

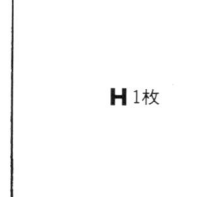

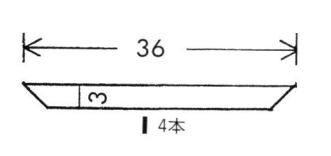

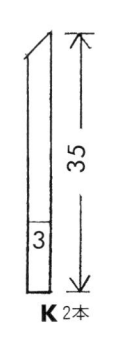

H 1枚

36
3
I 4本

J 2本

35
3
K 2本

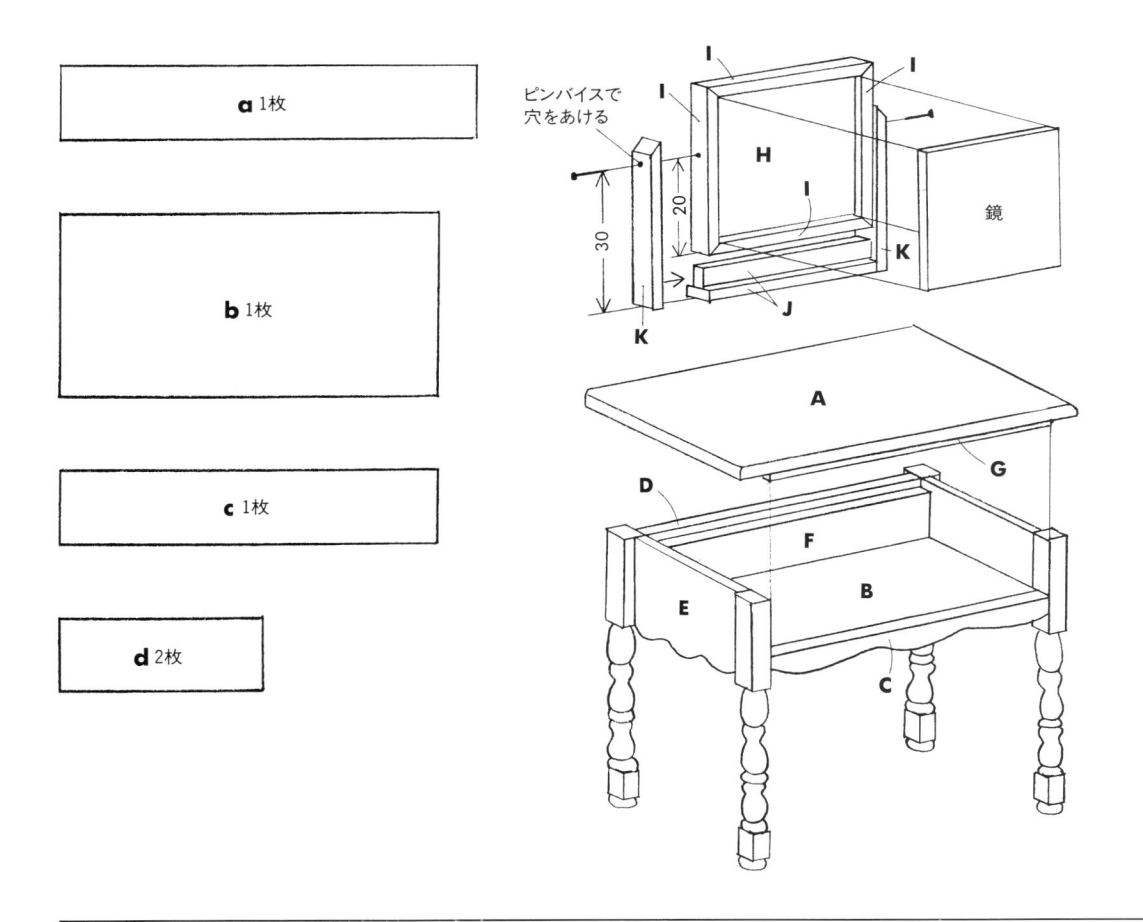

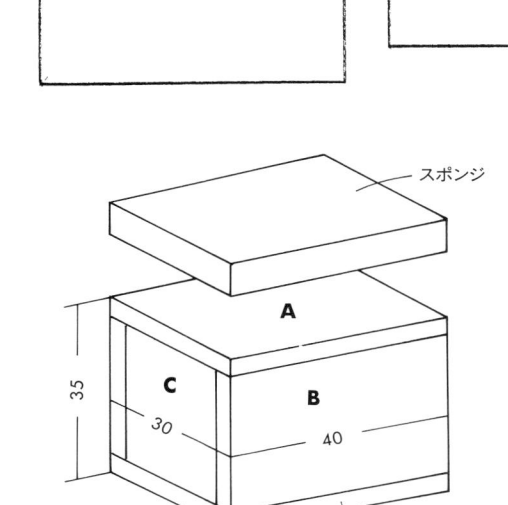

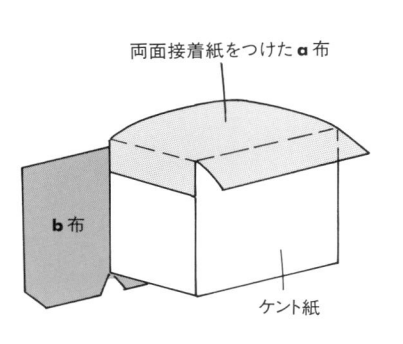

materials
[材料]

A = 30×40　2枚 ⎫
B = 25×40　2枚 ⎬ 厚さ5のデザインボード
C = 25×20　2枚 ⎭
ケント紙　35×150
厚さ10のスポンジ　30×40
a = 50×60 ⎫
b = 40×150 ⎬ 両面接着紙をはった布
c = 29×39 ⎭
細いレースとリボン

1 ABCを接着し、側面にケント紙をはる（余分はカットする）。

2 上部Aの上にスポンジをはり、aの布でおおう。

3 bの布を側面にはり、下の部分は底のAまで回してはる。

4 底にcの布を接着する。

5 aとbの布の境目をレースとリボンで飾る。

CURTAIN
カーテン
☞ page 34

ボール紙

B

A 2枚

C

10

10

165

35

2×8×200のひのき棒

両面接着紙をはって折る

materials

[材料]
A＝140×225　2枚　カーテン用布
B＝55×180　1枚 ┐ ボックス用布
C＝50×約500　1枚 ┘
2×8×200　2本　ひのき棒
35×165　1枚　ボックス用ボール紙
両面接着紙
幅3のリボン

1 カーテンの布の上と下を各1センチ折る。縦の片方にひのき棒をはって、ひのき棒の幅だけ折っておく。

2 プリーツメーカーを使ってひだをつける。布の裏を上にして、ひのき棒を溝に差し込んで固定。スプレーのりをたっぷりかける。

3 上板を1本ずつ下ろす。必ず先の上板を下まで押さえて次の上板を下ろす。

4 全部下ろしたらその状態で乾かす。乾いたら下から80ミリのところを結ぶ。

5 プリーツが開かないよう、プリーツの間にボンドをつけ、デザインボードか針の刺さるものの上にまち針で固定する。

6 カーテンボックスのプリーツはC布の上下の布端を1センチ折り、表を上にして置き、プリーツを作る。乾いたらプリーツメーカーの上で、リボンをボンドで止める。

7 ボール紙の折れ線に筋を入れる。両面接着紙をはったB布をボール紙の表面にはり、ボール紙を折りながら布をはって布を内側に折る。カーテンボックスの表面にボンドをつけ、プリーツを接着。リボンの端を裏側まで折り込んで止める。

8 カーテンの布端は、ボンドか接着テープをつけてはりつけ、糸の結び目をリボンで飾る。カーテンは窓枠の外側に、ボックスは壁に直接ボンドで接着する。

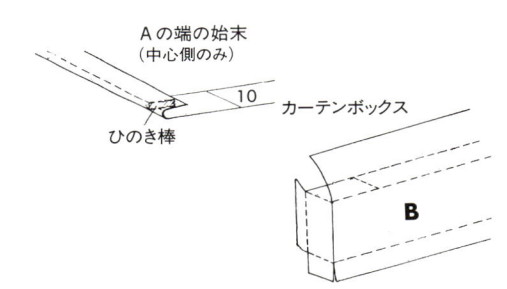

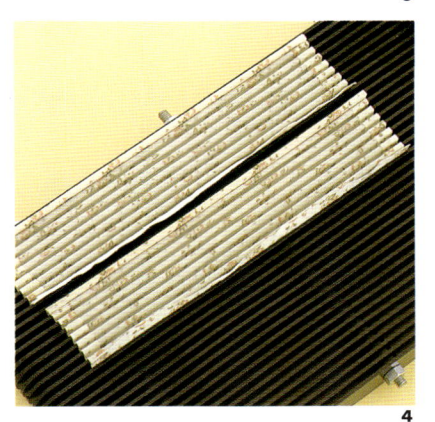

Aの端の始末
（中心側のみ）
10
ひのき棒
カーテンボックス
B

FIRE PLACE

ファイヤープレース ☞ page 17

materials

[材料]

A = 3×30×135	2枚	
B = 5×15×91	2枚	
C = 2×30×91	2枚	
D = 2×30×56	1枚	ひのき棒
E = 3×20×126	1枚	
F = 2×15×71	2枚	
G = 1×2×71	4枚	

ドールハウス用飾り棒　126　1本
（またはひのき棒を重ねて作る）
ドールハウス用タイル
（または14×14のプラスチック板で作る）
ケント紙または白画用紙　90×110

1 CDを接着して、BEFをつける。
2 後ろをそろえて天板Aをつけ、飾り棒を接着する。
3 Fの上にGを接着する。
4 本体と地板Aを着色し、タイルを手芸用接着剤ではる。
5 白の画用紙を茶色の油性ペンで塗り、黒の細いペンで8×16のれんが模様を入れ、ボックスの壁にはる。
6 本体をAの地板に接着する。
● 36ページのファイヤープレースのタイルはプラスチック板をカットして、青の油性ペンで絵をかく。

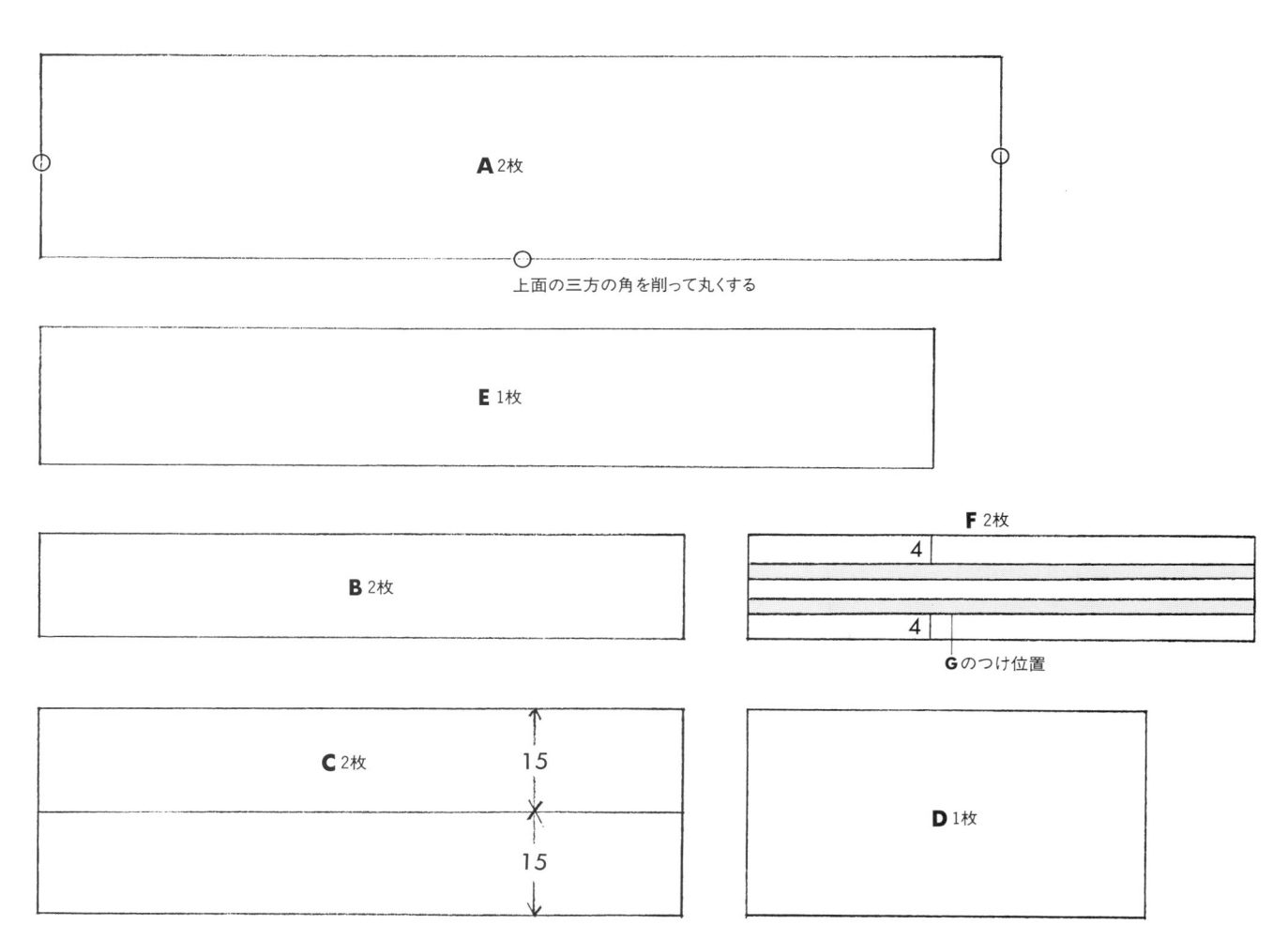

A 2枚

上面の三方の角を削って丸くする

E 1枚

B 2枚

F 2枚
4
4
Gのつけ位置

C 2枚
15
15

D 1枚

KITCHEN TABLE
キッチンテーブル
☞ page 21

materials
[材料]
A = 5×60×110　1枚 - アガチス
B = 5×10×84　2枚 ┐
C = 5×10×34　2枚 ┘ ひのき棒
脚 = ドールハウス用細工棒　4本
（または5×5×58のひのき棒）

脚とBCを組み立てて、Aの裏に接着する。
● 25ページのキッチンテーブルはAと脚の部分を別々に着色してから接着する。

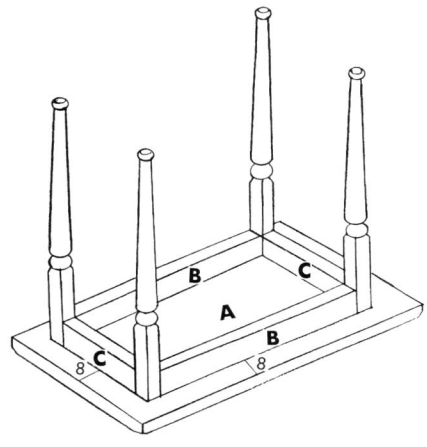

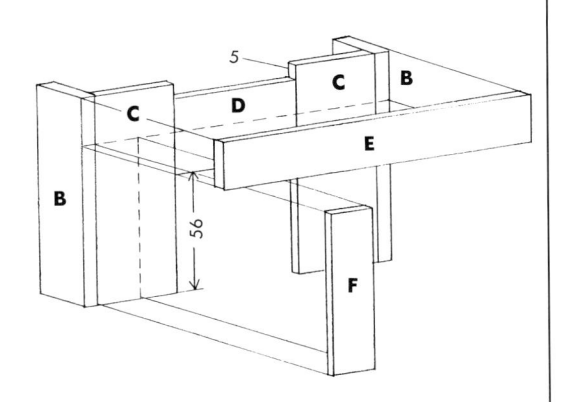

ひのき棒をはって飾り棒の代りにする
2×10　3×5　3×3

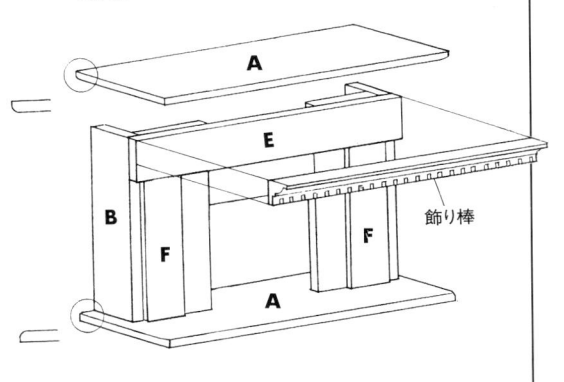

飾り棒

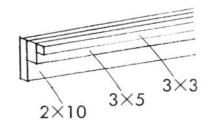

れんが模様 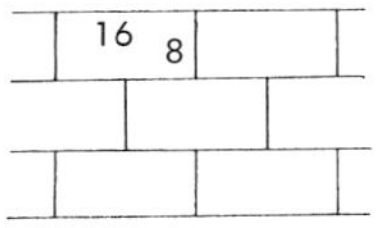 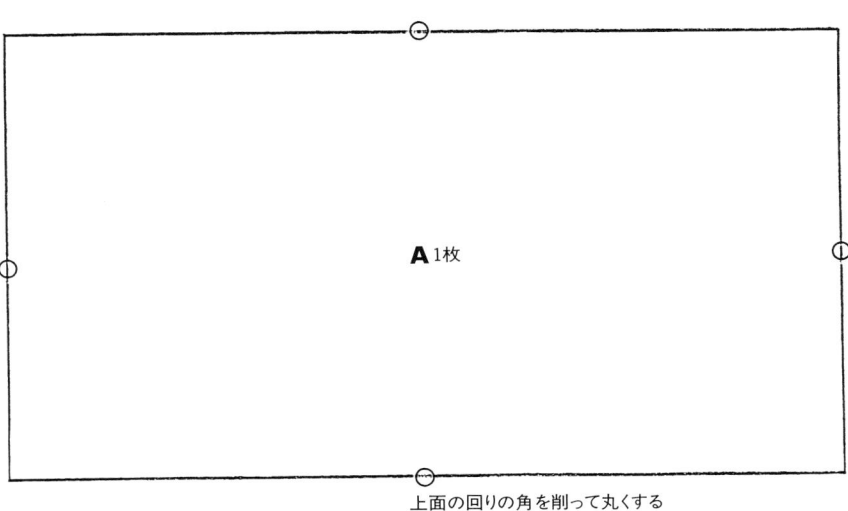
16　8

A 1枚
上面の回りの角を削って丸くする

B 2枚

脚4本　カットする

C 2枚

Side Table

サイドテーブル ☞ page 16

materials
[材料]

A＝3×30×70	1枚	
B＝3×25×64	1枚	
C＝2×3×64	1枚	
D＝3×15×64	1枚	ひのき棒
E＝3×30×15	2枚	
F＝2×10×64	1枚	
G＝1×10×64	1枚	
a＝3×10×63	1枚	
b＝2×20×58	1枚	
c＝2×10×58	1枚	
d＝2×10×22	2枚	

ドールハウス用飾り棒　約150
（または2×2のひのき棒）
高さ40のドールハウス用猫脚　4本
引出しの取っ手　2個

1 Bの前にCをつけ、DEFを接着する。
2 GをAの裏側に前をそろえて接着し、飾り棒をAの下の線とそろえ、三方にはる。
3 後ろをそろえ、本体とAを接着し、形を整えた猫脚を接着する。
4 引出しを作る。

引出し

a 1枚

b 1枚

c 1枚

d 2枚

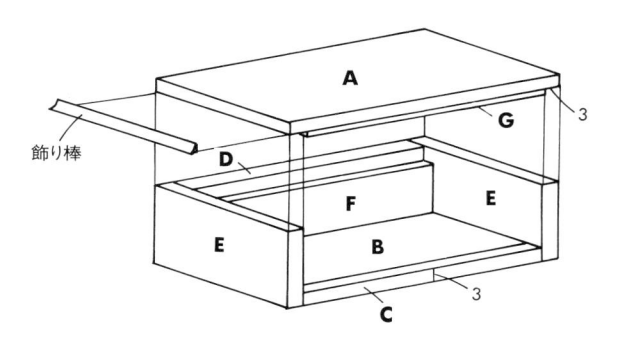

A 1枚

B 1枚

C 1枚

D 1枚

E 2枚

F 1枚

G 1枚

飾り棒がない場合は2×2のひのき棒の1つの角を削って丸くしたものをつける

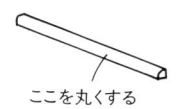

ここを丸くする

SIDE TABLE

サイドテーブル ☞ page 36

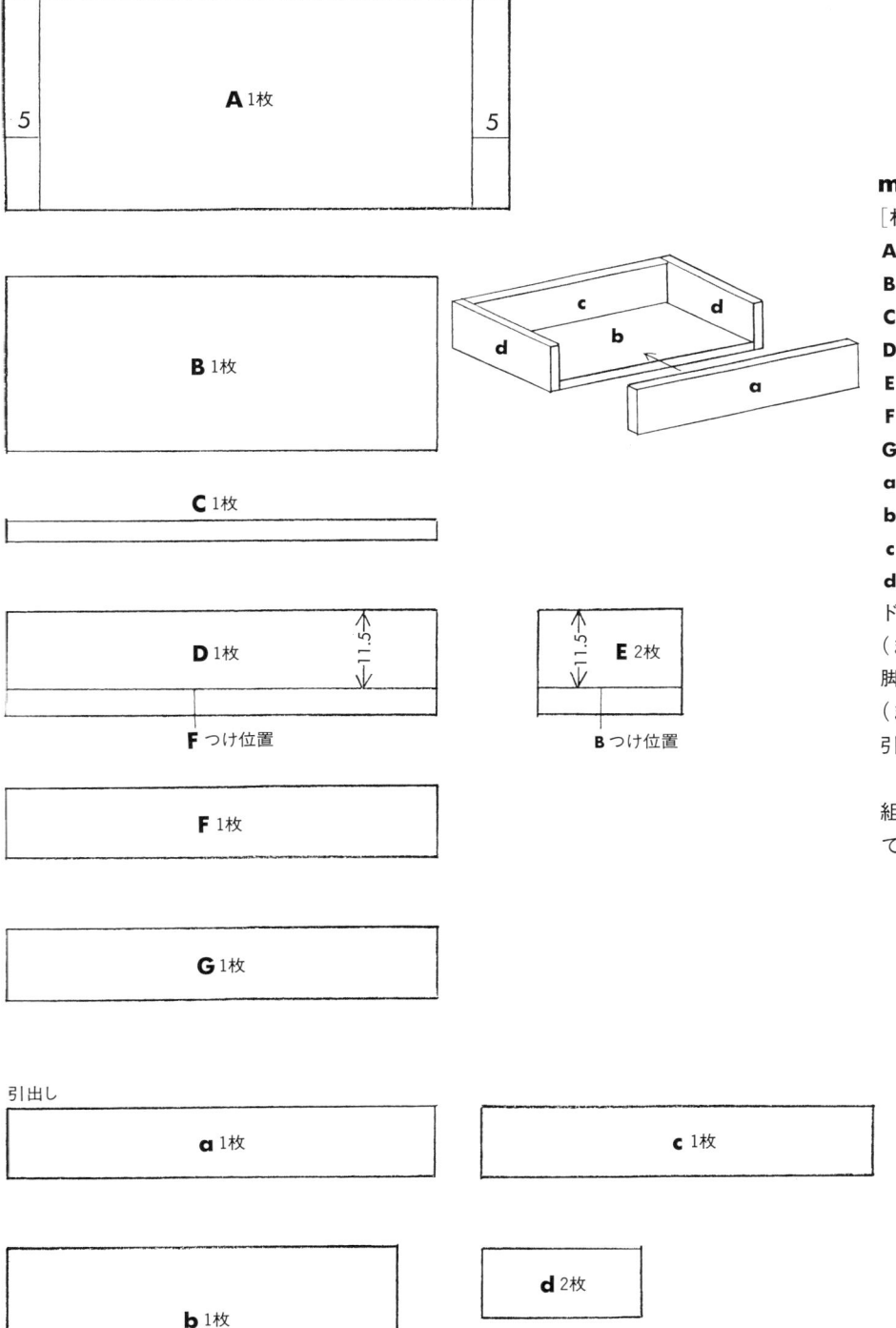

materials
[材料]

- **A** = 3×30×70　1枚
- **B** = 2×25×60　1枚
- **C** = 2×3×60　1枚
- **D** = 3×15×60　1枚
- **E** = 3×15×20　2枚
- **F** = 2×10×60　1枚　ひのき棒
- **G** = 1×10×60　1枚
- **a** = 3×10×59　1枚
- **b** = 2×20×54　1枚
- **c** = 2×10×54　1枚
- **d** = 2×10×22　2枚

ドールハウス用飾り棒　約150
（または2×2のひのき棒）
脚＝ドールハウス用細工棒　4本
（または5×5×55のひのき棒）
引出しの取っ手　2個

組立て方は52ページのナイトテーブルと同じで、Aの三方に飾り棒をつける（P.76参照）。

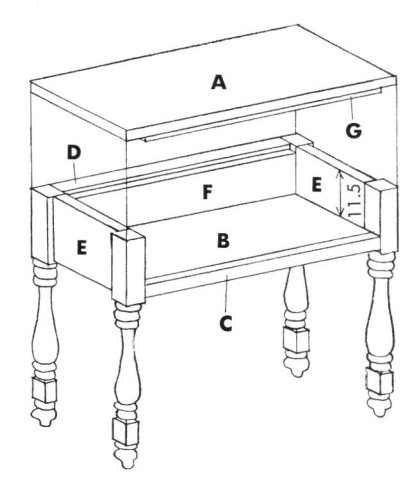

A 1枚　5　5

B 1枚

C 1枚

D 1枚　↕11.5　**F**つけ位置

E 2枚　↕11.5　**B**つけ位置

F 1枚

G 1枚

引出し

a 1枚

c 1枚

b 1枚

d 2枚

ARM CHAIR

アームチェア ☞ page 16

materials

［材料］

A＝50×60　1枚　厚さ5のデザインボード
B＝60×55　2枚 ┐厚さ7のデザインボード
C＝50×49　2枚 ┘
D＝50×47　2枚　厚さ5のデザインボード
　　　　　　　　とスポンジを1枚ずつ
E＝60×30　2枚　厚さ5のデザインボード
　（図のようにカットする）
F＝50×45　2枚　厚さ5のデザインボード
　　　　　　　　とスポンジを1枚ずつ
G＝実物大図　2本　直径8のバルサの丸棒
a＝80×90　1枚
b-1＝240×30　1枚
b-2＝59×54　1枚
c＝30×75　1枚　両面接着紙をはった布
d＝80×80　1枚　（約300×300）
e＝61×90　2枚
f＝80×75　1枚
g＝15×48　4枚
ケント紙　14×約300

1 Eを平らな面に置き、図のようにバルサの丸棒を接着する。

2 BとB、CとCを両面接着テープではる。

3 接着したBの厚み14ミリの回りとCの前側に、両面接着テープでケント紙をつける。

4 DとFの上に両面接着テープでスポンジを接着する。

5 布をはる。Aはaの方法で、DFもaのはり方でスポンジの上に布をのせ、軽くアイロンで押さえる。

6 Bの回りとCの前はbの方法ではり、Bはb-2の布をはっておく。

7 Eはfを先にはり、eの布は前を布端に合わせ、底から回りをはっていく。後ろの余分な布をカットする。

8 図のようにBCEAFDの順に接着する。

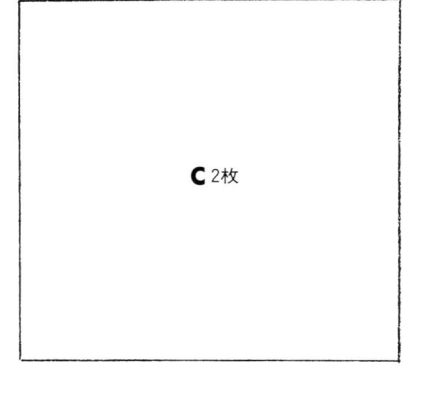

A 1枚

B 2枚

C 2枚

D 2枚

E 2枚

F 2枚

G 2本

右アーム 左アーム 前

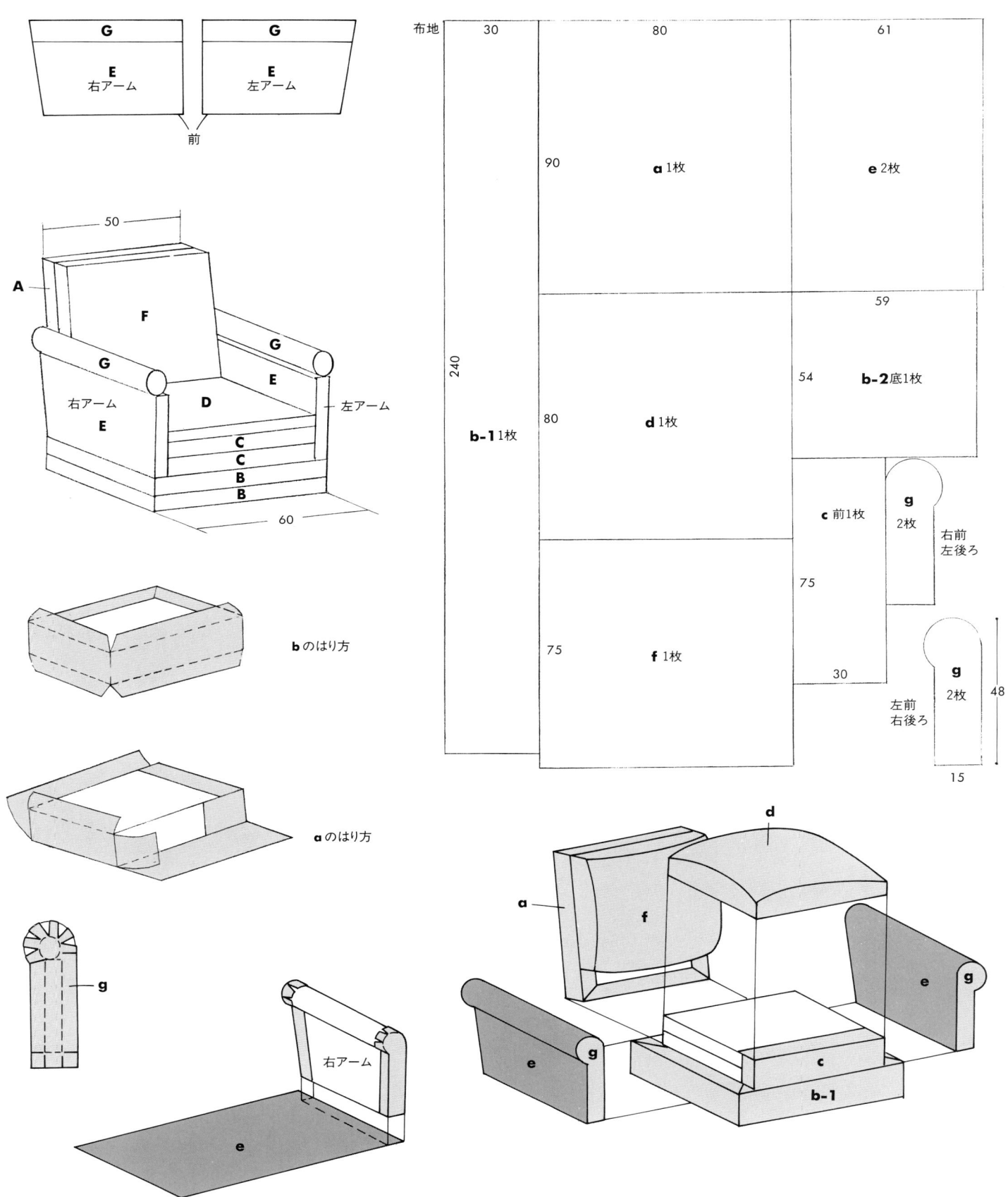

布地

30 | 80 | 61
90 | a 1枚 | e 2枚
59
54 | b-2 底1枚
80 | d 1枚
240
b-1 1枚
c 前1枚 | g 2枚 右前 左後ろ
75
75 | f 1枚 | 30
g 2枚 左前 右後ろ | 48
15

b のはり方

a のはり方

右アーム

WING CHAIR

ウイングチェア ☞ page 36

materials

[材料]

- A＝実物大図　1枚 ┐
- B＝55×55　2枚 ┤ 厚さ7のデザインボード
- C＝55×47　2枚 ┘
- D＝55×48　2枚　厚さ5のデザインボード
　　　　　　　　とスポンジを1枚ずつ
- E＝実物大図　2枚 ┐厚さ5のデザインボード
- F＝実物大図　2枚 ┤ボール紙と厚さ5のスポ
- G＝実物大図　4枚 ┘ンジを各1枚と2枚ずつ
- a＝104×84　1枚
- b-1＝230×30　1枚
- b-2＝54×54　1枚
- c＝100×30　1枚
- d＝75×84　1枚 　両面接着紙をはった布
- e-1＝165×15　2枚 （約300×300）
- e-2＝実物大図　2枚
- f＝70×70　1枚
- g＝実物大図　2枚
- ケント紙　14×100　2枚

Eの布のはり方とGの布をはることを除いては、78ページのアームチェアとほとんど同じです。組立て図を参照してください。

1 BとB、CとCを両面接着テープではる。

2 接着したBとCの前側に、両面接着テープでケント紙をはる。

3 DとFとGの上に両面接着テープでスポンジを接着する。

4 布をはる。AはP.78のaのはり方で、DFもaのはり方で、スポンジの上に布をのせてはる。

5 Bの回りとCの前は布のはり方bの方法ではり、Bはb-2の布をはっておく。

6 Eはe-1を先にはり、e-2をカーブに布端を合わせてはる。（図を参照）

7 BとCの前を合わせてつけ、その両側にEを接着。BとEにAをつけ、FGDの順にはっていく。

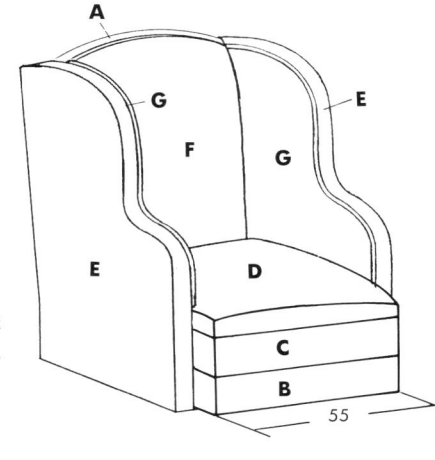

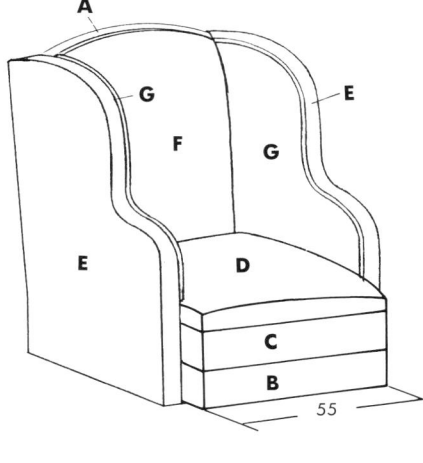

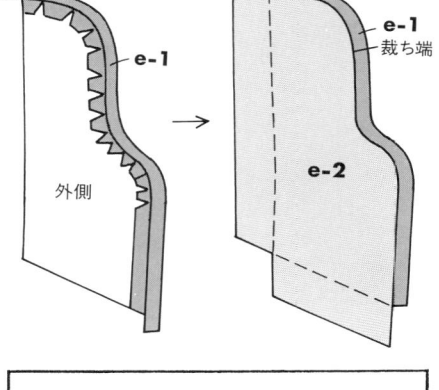

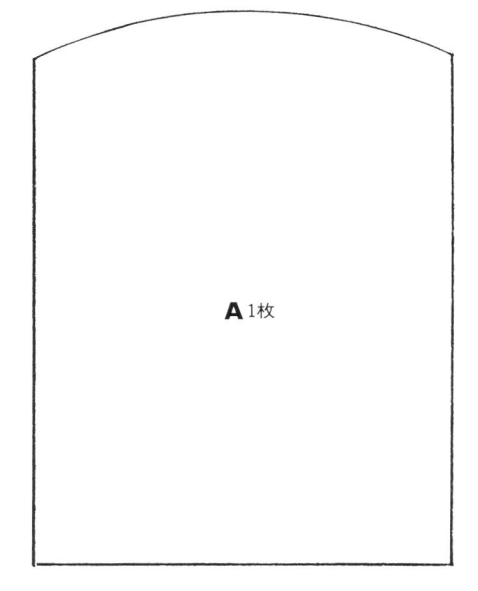

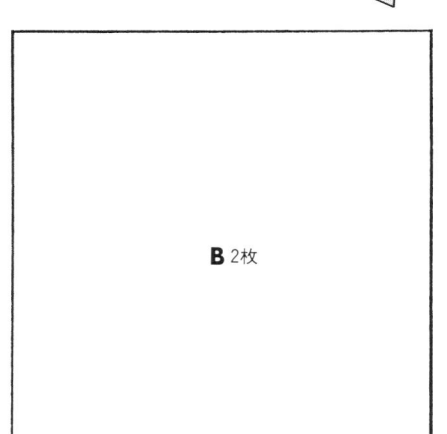

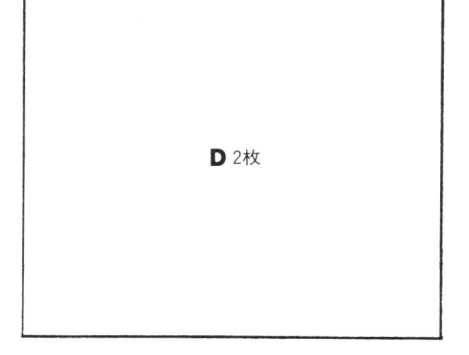

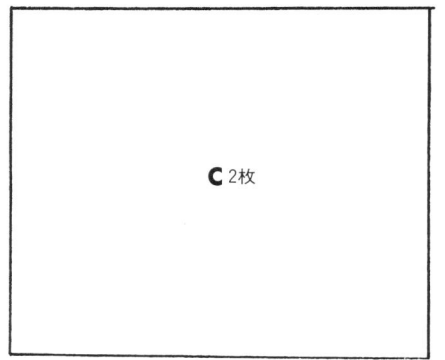

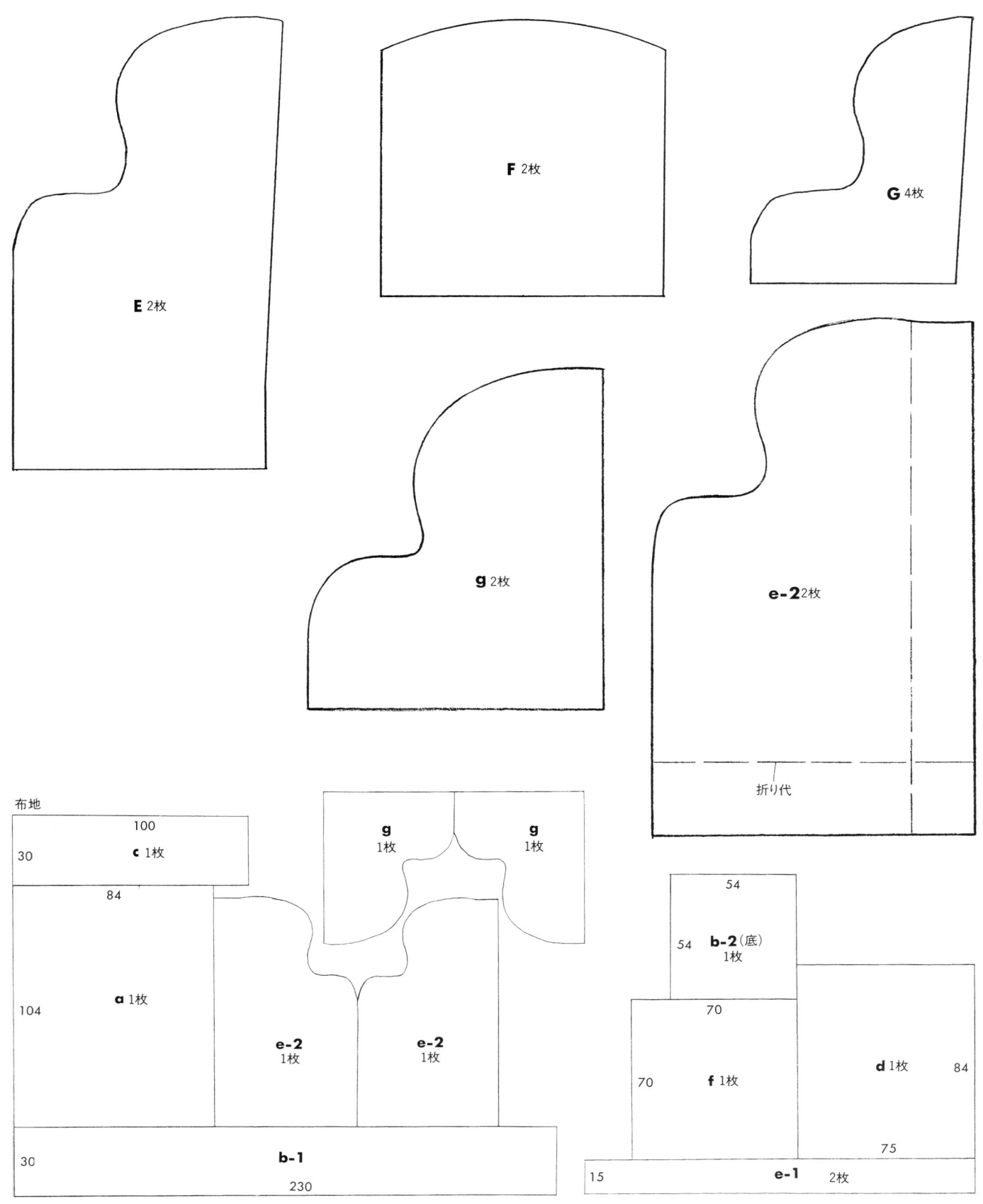

E 2枚

F 2枚

G 4枚

g 2枚

e-2 2枚

折り代

布地

	100	
30	**c** 1枚	

84

a 1枚

104

g 1枚　**g** 1枚

e-2 1枚　**e-2** 1枚

30　**b-1**

230

54

54　**b-2**(底) 1枚

70

70　**f** 1枚

d 1枚　84

75

15　**e-1** 2枚

BED

ベッド ☞ page 19 31

materials

[材料]

A＝40×160　2枚 ┐厚さ3の
B＝40×100　2枚 ┘デザインボード
C＝30×100　2枚 ┐厚さ5の
D＝100×154　2枚 ┘デザインボード
E＝実物大図　1枚　厚さ3の
　　　　　　　　　デザインボード
F＝実物大図　1枚　ボール紙
a＝110×130　1枚 ┐
b＝110×120　1枚 │布
c＝150×250（ベッドカバー） ┘
d＝140×200　1枚 ┐
e＝実物大図　1枚 │別布
f＝50×900　1枚 ┘
厚さ10のスポンジ　106×190
接着芯　140×200
レース（ベッドカバー用）
幅5の布テープ　470
（布で作ってもよい）
両面接着紙

1 ABCDを接着し、上にスポンジをはる。
2 abcdeの布の裏に両面接着紙をはる。
3 fの布の裾を1センチ折って接着。プリーツメーカーで87ページと同じプリーツを布が長いので2度に分けて作る。1回目のプリーツが乾いたら上端に5ミリ幅のテープをボンドではり、プリーツメーカーからはずして同じく2回目を繰り返す。
4 本体のスポンジ側に接着芯を、底にdの布をはる。
5 Eにaの布を、Fのボール紙にbの布をはり、eの布もつけてはり合わせる。
6 本体の両横と足側にボンドをつけて、プリーツをはり、ヘッドボードEをつける。
7 cの布の表側全体にレースをはったり、回りにレースをつけてベッドカバーを作る。
8 垂れの長さが同じになるよう、スポンジをc布に図のようにはさみ、ベッドにはり、枕の両横はボンドで接着する。

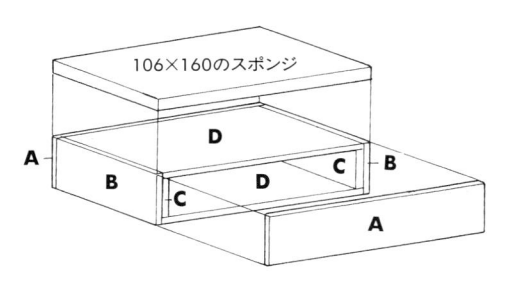

B 2枚

D 2枚

C 2枚

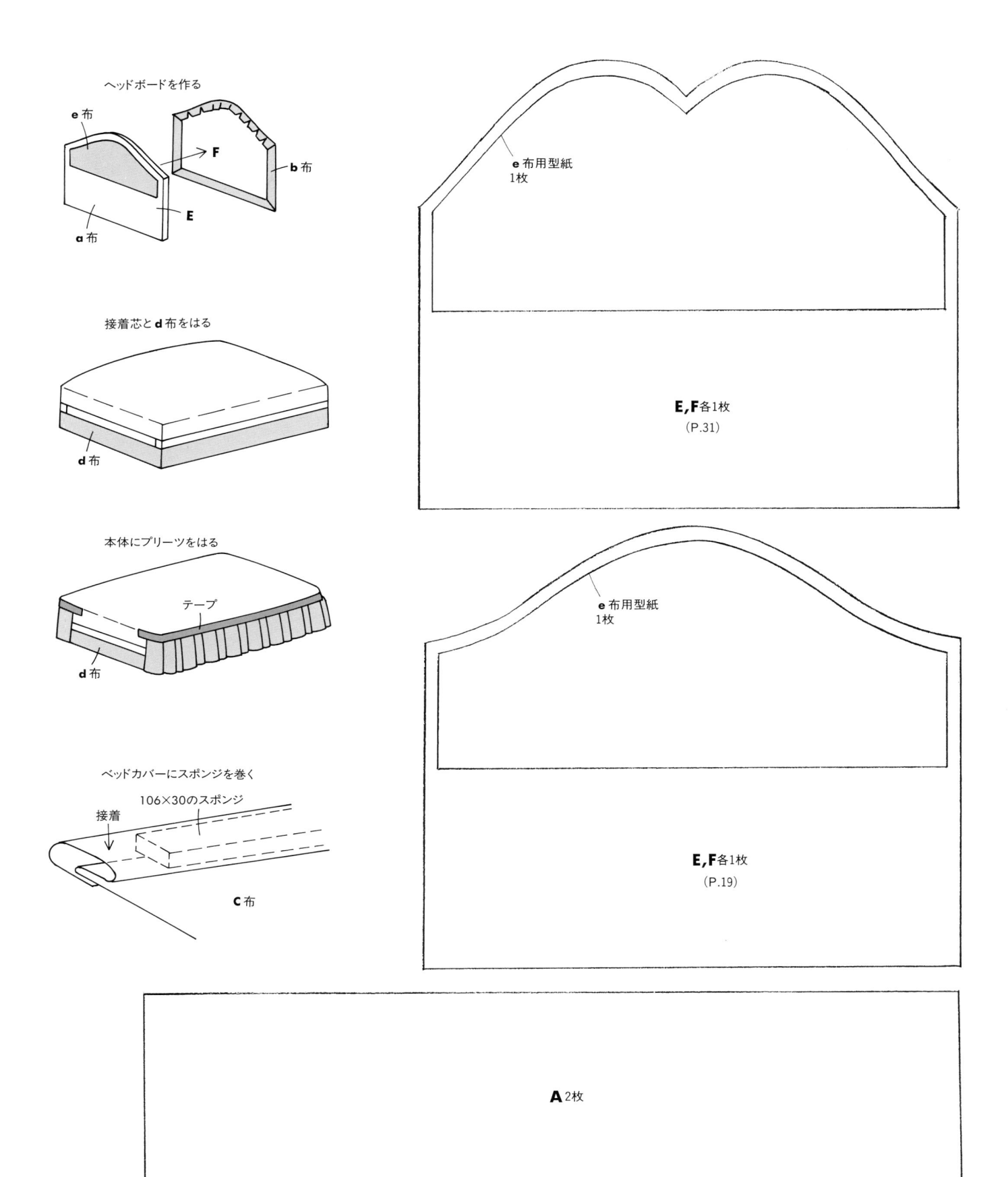

ヘッドボードを作る

接着芯とd布をはる

本体にプリーツをはる

ベッドカバーにスポンジを巻く

e布用型紙
1枚

E, F各1枚
（P.31）

e布用型紙
1枚

E, F各1枚
（P.19）

A 2枚

Dining Table & Night Table
ダイニングテーブルとナイトテーブル

☞ page 14 18

materials

［ダイニングテーブルの材料］

A ＝半径40の円	1枚	厚さ5のデザインボード
B ＝半径45の円	1枚	
C ＝40×50	2枚	
D ＝40×40	2枚	
a ＝15×300	1枚	布
b ＝半径44の円	1枚	
c ＝60×500	1枚	

テーブルクロス用の布
両面接着紙

［ナイトテーブルの材料］

A ＝半径22の円	1枚	厚さ5のデザインボード
B ＝半径30の円	1枚	
C ＝40×30	2枚	
D ＝40×20	2枚	
a ＝15×200	1枚	布
b ＝半径29の円	1枚	
c ＝60×300	1枚	

テーブルクロス用の布
両面接着紙

1 右図のようにＡＢＣＤを接着する。
2 Ａの上とａｂの布の裏に両面接着紙をはる。
3 Ｂにａの布を図のようにはり、底にｂの布をはる。
4 ｃの布の裾を1センチ折り、プリーツメーカーでプリーツを作る（裏、表のどちらが上でもよい）。
5 よく乾いたら、筒状にして図のように端を接着し、ＡＢの回りにボンドで接着。
6 テーブルクロスは、布の回りにレースをボンドではっておく。レースをつけない場合は布の回りを1センチ大きく裁ち、布端の織り糸を5ミリほぐす。

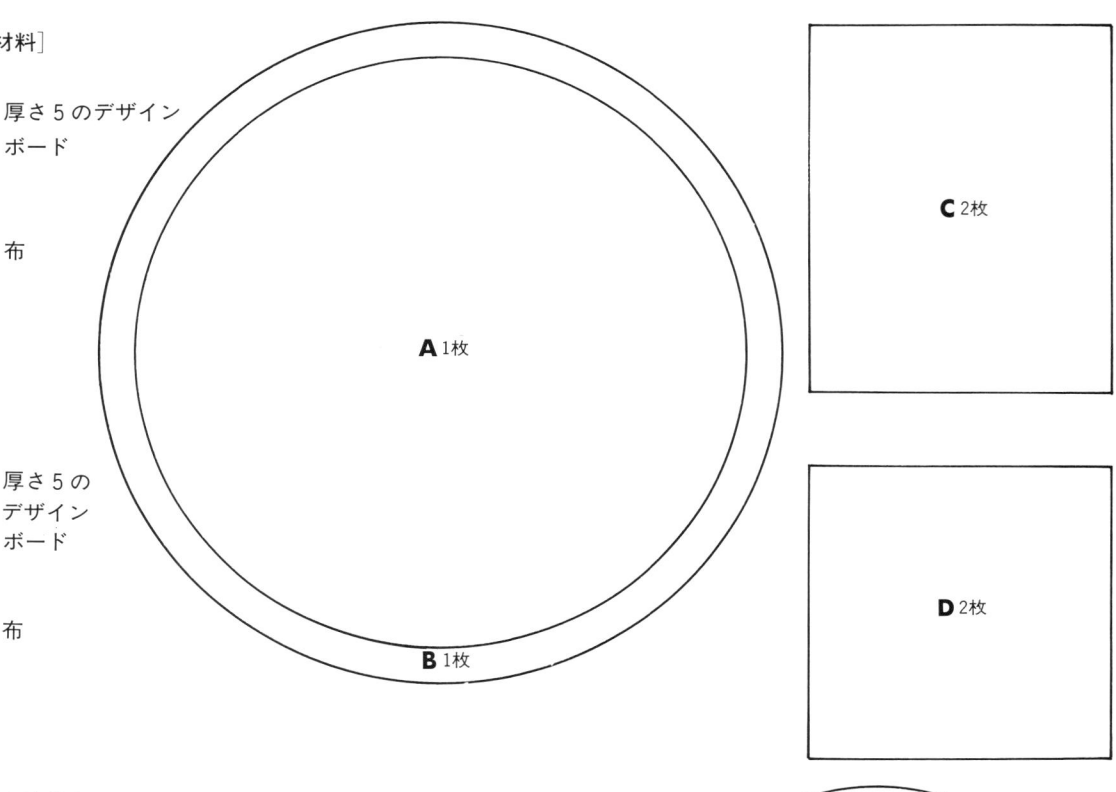

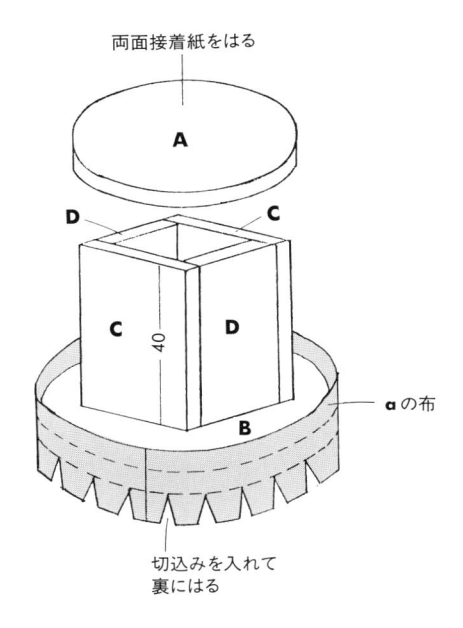

CRADLE
ゆりかご
☞ page 24

materials
[材料]
A＝実物大図
　厚さ7のデザインボード
　　　　　　　　2枚
　厚さ10のスポンジ
　　　　　　　　1枚
a＝50×180　1枚 ⎫
b＝55×75　　2枚 ⎬布
c＝47×450　1枚 ⎭
幅3のリボン　400
細いブレード　200
薄めのボール紙かケント紙
　27×180
両面接着紙

1 両面接着テープで2枚のデザインボードを重ね、その上にスポンジを接着する。
2 aとbの布の裏に両面接着紙をつけ、aはボール紙に、bはAの上下にはる。
3 本体Aの側面にボンドをつけ、aの布をはったボール紙を接着する。
4 cの布の上下を1センチ折って接着。プリーツメーカーでプリーツを作る。(P.72参照)
5 よく乾いたら、ダイニングテーブルのプリーツと同じく輪にする。
6 本体の回りにプリーツをボンドで接着。プリーツの上部を押さえ、リボンをつける。
7 上面をブレードで飾り、中にレースを入れる。

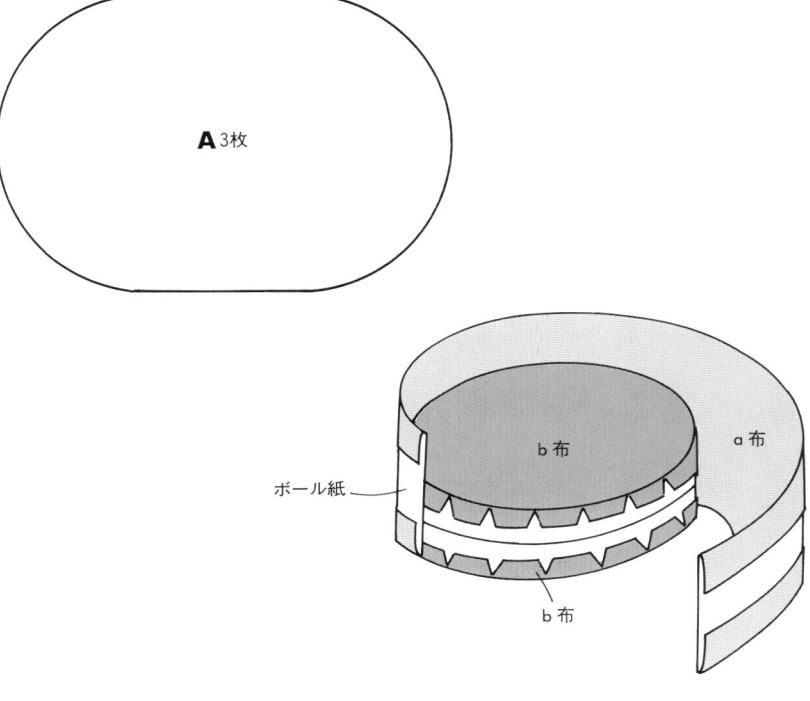

両面接着紙をはる

A

D　　C

C　　D

40

a の布

B

切込みを入れて裏にはる

プリーツを上から見たところ

重ねて接着する

A 3枚

ボール紙

b布

a布

b布

DRESSER & STOOL
ドレッサーとスツール

☞ page 31

materials
［ドレッサーの材料］
A＝80×40　2枚 ┐
B＝80×50　2枚 ├ 厚さ5のデザインボード
C＝30×50　2枚 ┘
ケント紙　60×250
幅3のリボン
細いレースとブレード
a＝60×100　別布
b＝60×100 ┐
c＝57×80　├ 主となる布
d＝67×400 ┘
両面接着紙

1 ABCを接着し、BCの回りにケント紙をボンドか両面接着テープではり、余分はカットする。
2 a b c の布に両面接着紙をはる。
3 d の布の裾を1センチ折り、プリーツメーカーの上に、表を上にして置き、図のようにプリーツを折る。
4 よく乾いたら、上端にレースを接着。プリーツメーカーからはずし、レースの側を押さえてプリーツをつぶしておく。
5 a と b の布をはる。
6 上側を3ミリあけて、ボンドでプリーツをはり、その後で後ろ側に c の布をはる。
7 レースの上端を隠すように、ブレードをつけ、最後に蝶結びのリボンをつける。

A 2枚

B 2枚

C 2枚

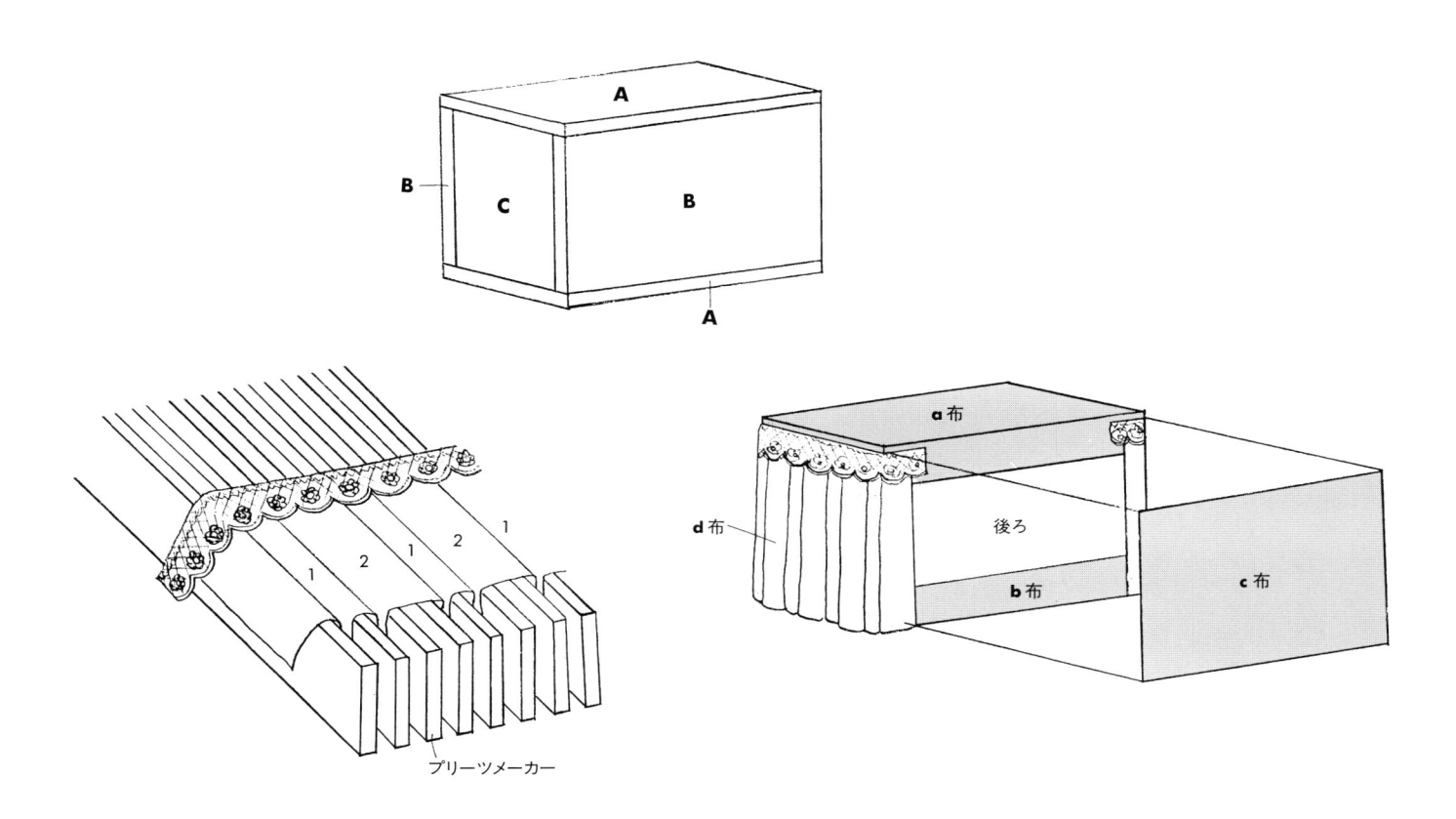

プリーツメーカー

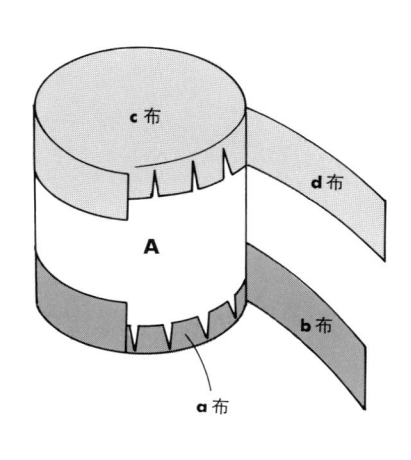

materials
［スツールの材料］

A＝35×300　　1枚 ┐ボール紙
B＝半径17の円　2枚 ┘

　　半径17の円　1枚　厚さ5のスポンジ

a＝半径20の円 ┐別布
b＝15×120 ┘

c＝半径27の円 ┐布
d＝15×120 ┘

e＝42×300　別布

幅3のリボン
細いレースとブレード
両面接着紙

1 Aのボール紙を直径34ミリの筒状に丸めて接着。その上と下にBのボール紙を接着。片側のBの上にスポンジをはる。
2 a b c d の布に両面接着紙をはる。
3 eの布は裾を1センチ折り、プリーツを作り、レースを接着する。
4 a c をはり、その上に b d の布をはる。
5 プリーツ布 e を、底をそろえてAの回りにはる。
6 レースの端を隠すようにリボンをはり、ブレードや蝶結びのリボンを飾る。

Door

ドア ☞ page 21

materials
[材料]

- **A** = 2×10×160　2枚
- **B** = 2×10×135　1枚
- **C** = 2×10×50　1枚
- **D** = 2×15×50　1枚
- **E** = 1×20×135　2枚 　ひのき棒
- **F** = 1×10×20　2枚
- **G** = 3×10×171　2枚
- **H** = 3×10×91　1枚

ボール紙　70×160　1枚
ドアノブ　1個

1 ボール紙にA～Eを接着し、下から70ミリのところにFをつける。
2 着色してドアノブをつける。
3 壁にドアをはり、その回りにドア枠GとHを接着する。

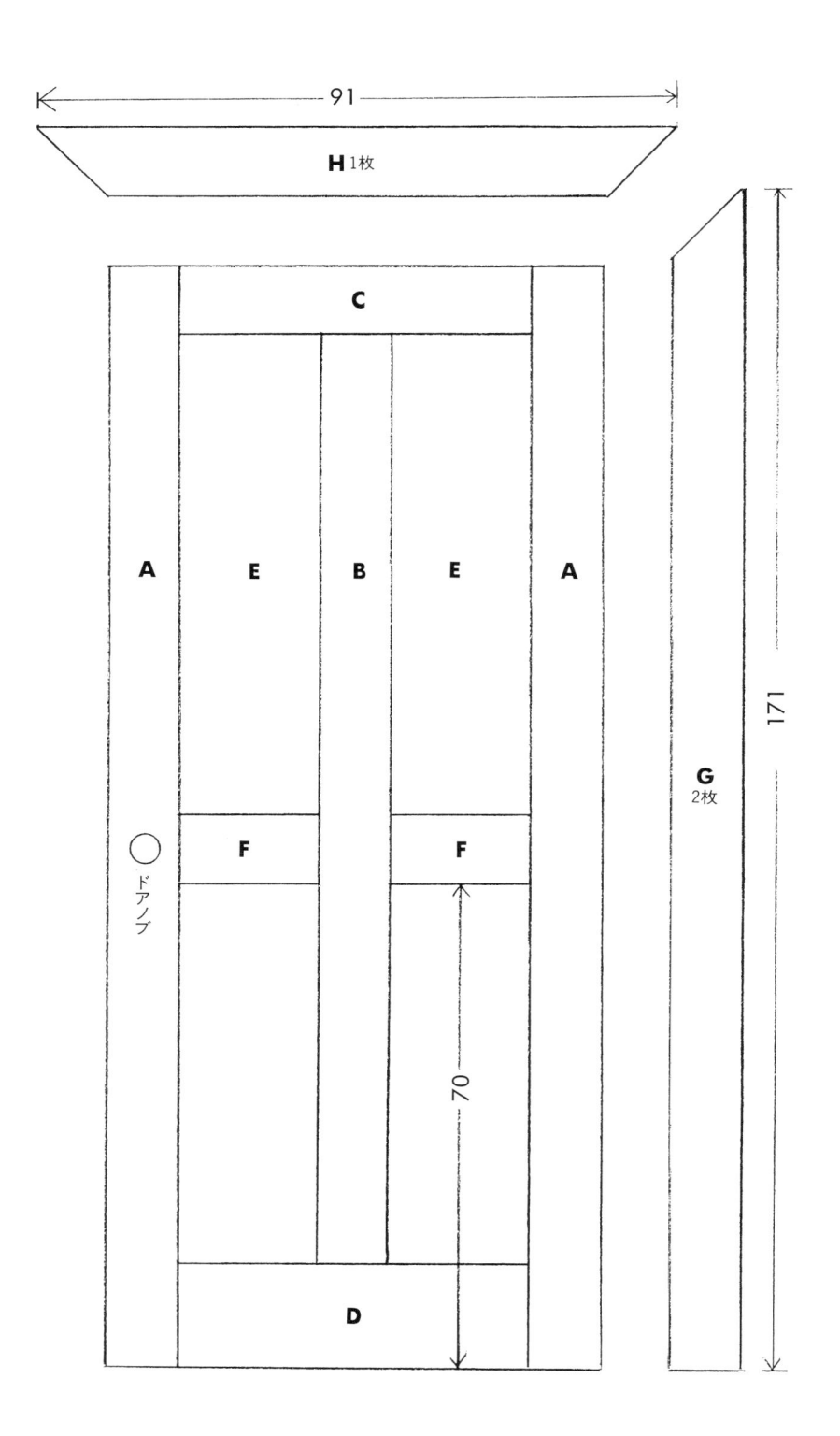

MAKE YOUR OWN
RUG & ACCESSORY
ラグと小物を作る

デザインはその部屋に使われている壁紙や布の模様を入れたり、雑誌などに出ている本物のラグをヒントにします。狭い空間なので、統一感を出すために、その部屋に合った色を選んでください。小物のほうは作りたいものを思い浮かべ、それから材料を考えたり、面白い形のものがあるとしばらく眺めて作るものを決めます。これは$\frac{1}{12}$にこだわらず、全体のバランスとかわいい大きさに。

NOTE
ラグを作る前に

［使用する材料］
キャンバス地と25番の刺繡糸を6本どりで使用します。キャンバス地は網戸の網のような刺繡用の張りのある布地です。網目のサイズがいろいろありますが、ここでは1センチに7目のものを使用します。

［大きめに切る］
キャンバス地は回りに2〜3センチの余分をもたせ、大きめに切り、切り口にマスキングテープをはっておくとほつれる心配がありません。

［刺し方］
ハーフステッチで刺し、a b どちらの方法でもかまいません。刺始めと終りや糸を替えたりつないだりするとき、結び目は作らないで、裏側で刺した糸の下にくぐらせます。

［形を整える］
刺し終わったら水に浸し、タオルにはさんで余分な水分を取り、四角に手で形を整えます。平らな板の上にのせ、形を整えながら回りを1.5〜2センチ間隔にピンで止め、そのままの状態で乾かします。

［始末］
よく乾いたら回りを裏側に折り、木綿の糸でまつります。回りに房のつくものは刺繡糸を6センチの長さに切り、細めのかぎ針で本体に1房ずつつけていきます。房のつかない場合は刺繡糸で端を巻きかがりします。

aの刺し方 (表側)

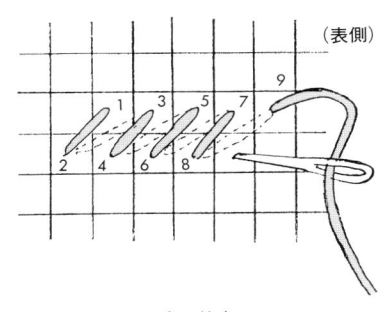

aの糸の始末 (裏側)

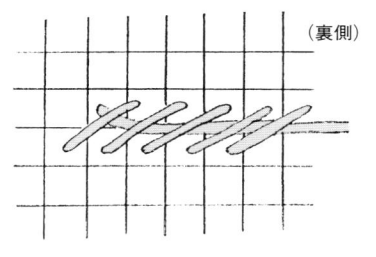

房の作り方 (表側) (裏側) キャンバス

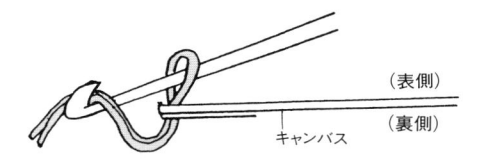

bの刺し方 (表側)

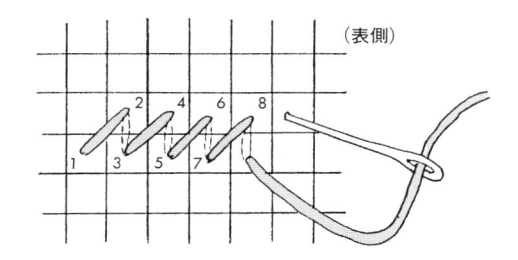

bの糸の始末 (裏側)

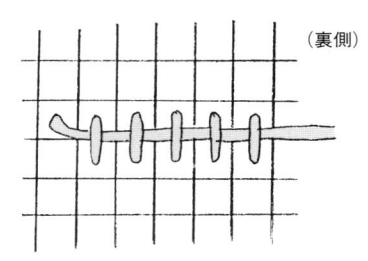

DINING ROOM
ダイニングルーム

☞ page 14

3色

TRUNK
トランク

☞ page 38

8×25の革を折り、くぎで止める
アクセサリーパーツを接着
木
革をくぎで止める
8
40
20
50
木の両側に薄くて古くなった
財布の革などをはる

実物大

LIVING ROOM
リビングルーム ☞ page 17

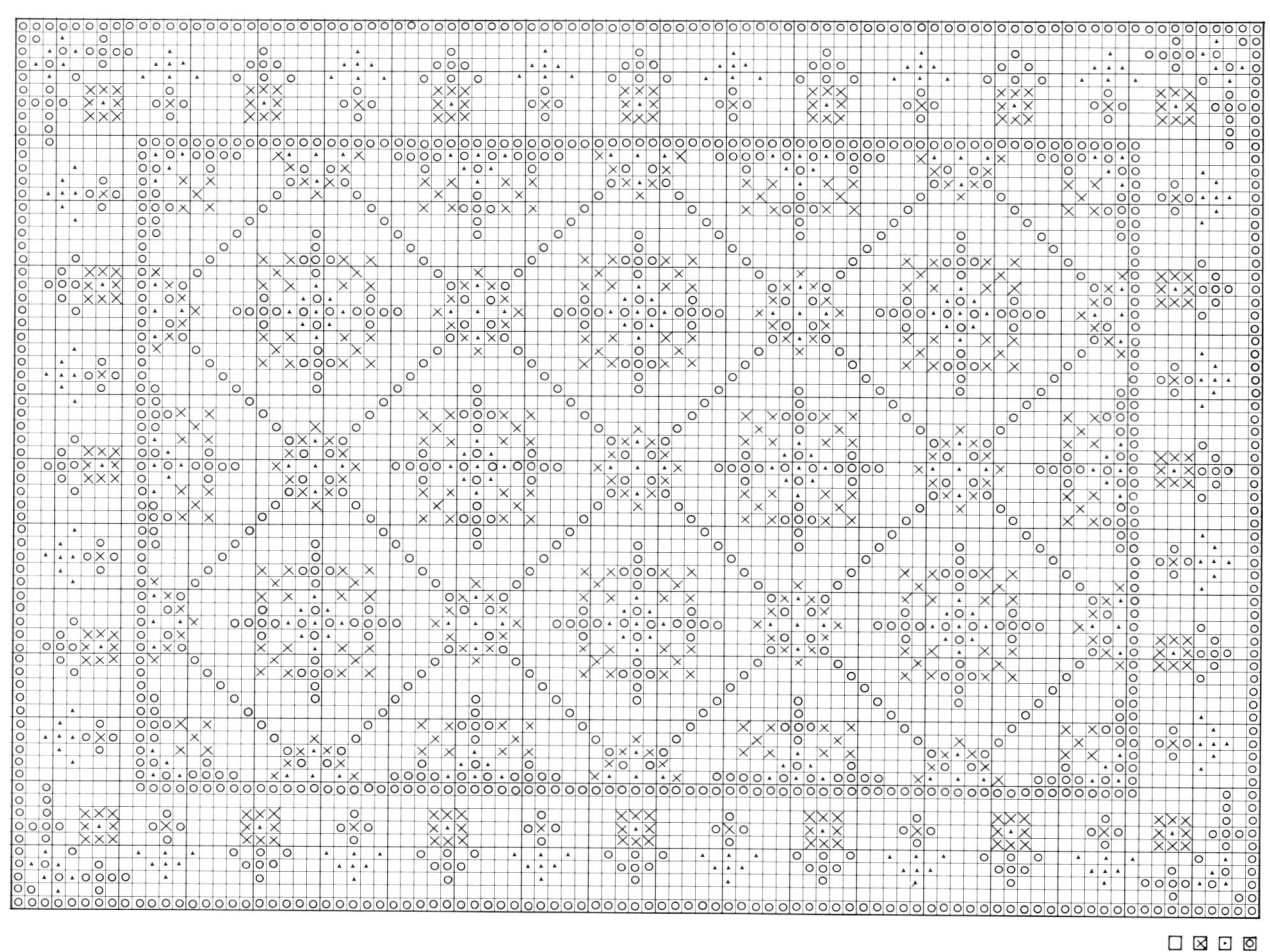

□ ⊠ ・ ◯
4色

UTENSILS
泡立て器、柄つきたわし、包丁、シャベル

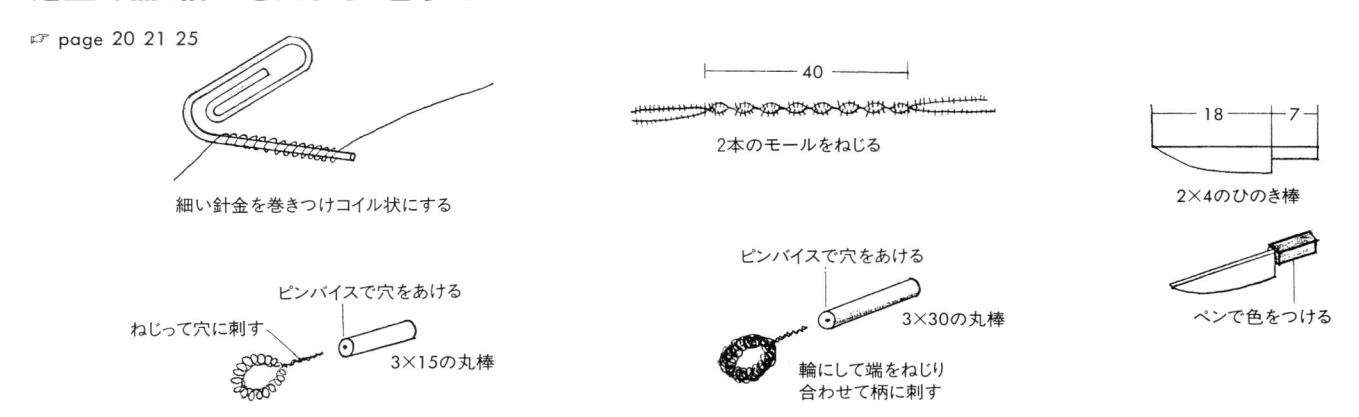

☞ page 20 21 25

細い針金を巻きつけコイル状にする

2本のモールをねじる

2×4のひのき棒

ねじって穴に刺す
ピンバイスで穴をあける
3×15の丸棒

ピンバイスで穴をあける
3×30の丸棒
輪にして端をねじり合わせて柄に刺す

ペンで色をつける

Girl's Room
少女の部屋 ☞ page 19

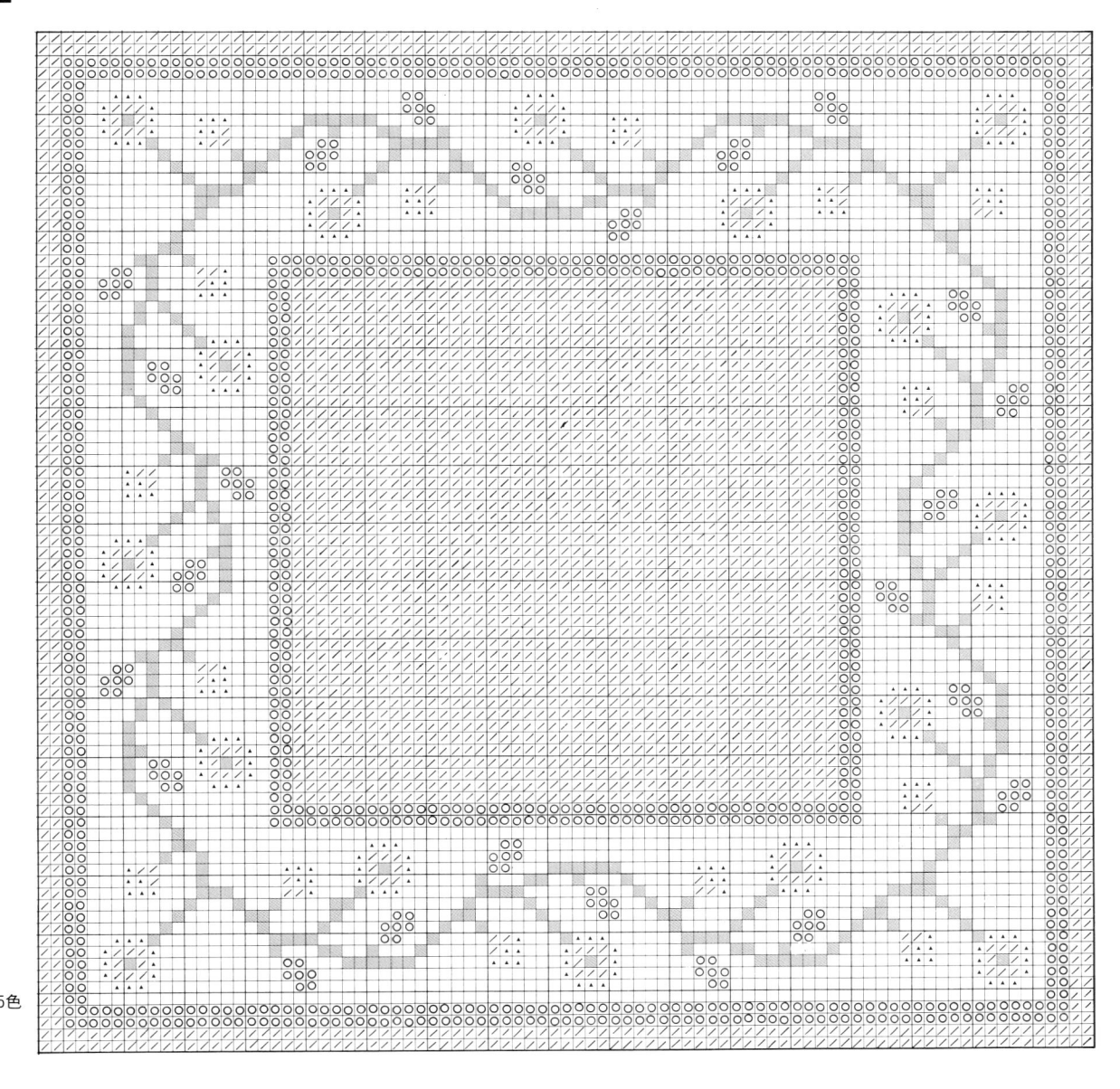

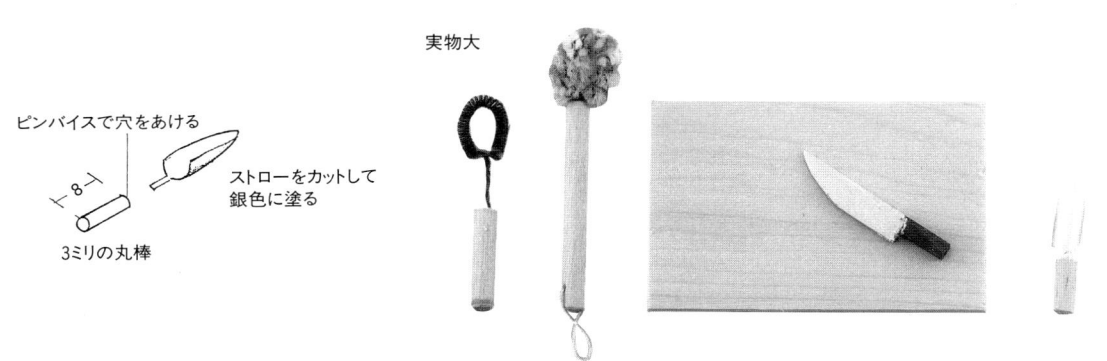

5色

実物大

ピンバイスで穴をあける
ストローをカットして銀色に塗る
3ミリの丸棒

COUNTRY KITCHEN
カントリーキッチン

☞ page 20

5色

CANDLE
ろうそく

☞ page 14 17

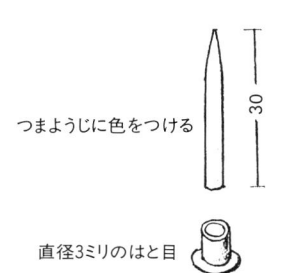

ボンドで固めた糸

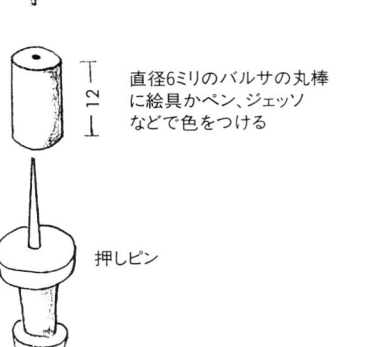

つまようじに色をつける

30

直径3ミリのはと目

直径6ミリのバルサの丸棒に絵具かペン、ジェッソなどで色をつける

12

押しピン

実物大

ATELIER
アトリエ
☞ page 32

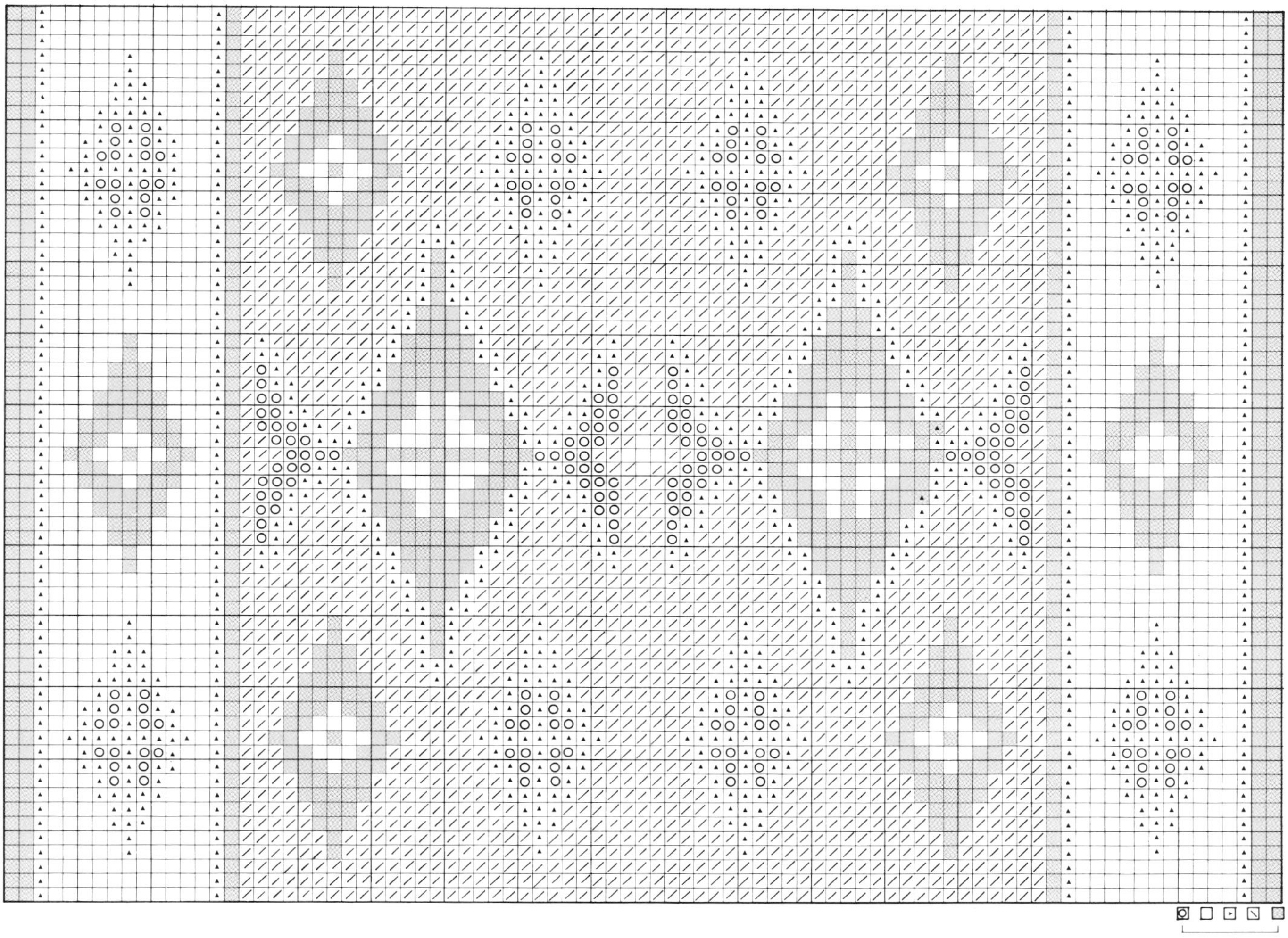

5色

FRAME
フレーム
☞ page 34

カット

実物大

アクセサリーパーツ
に写真をはる

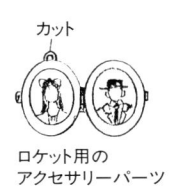

ロケット用の
アクセサリーパーツ

… page 35

COUNTRY BEDROOM
カントリーベッドルーム

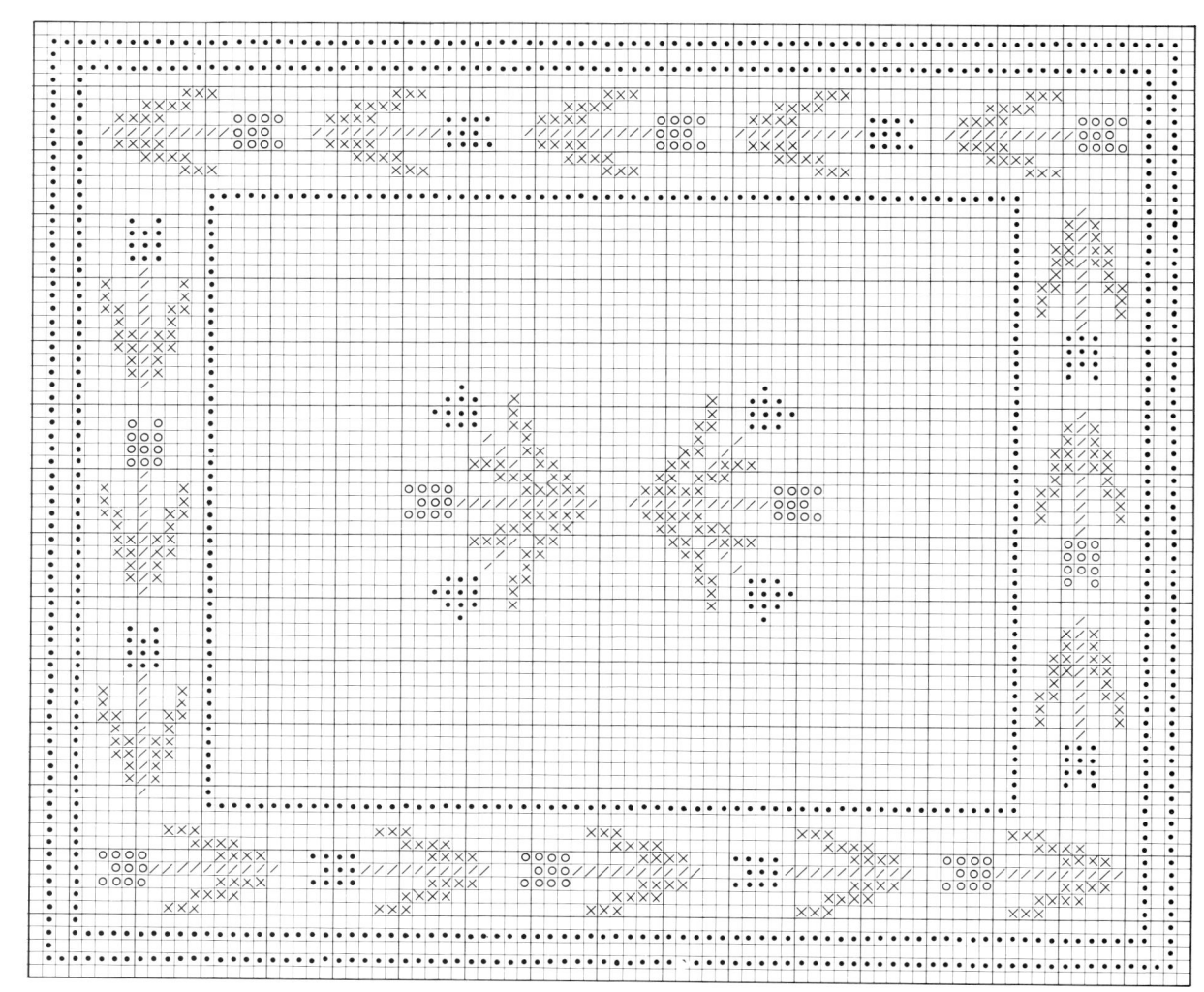

5色

CARD & ENVELOPE
カードと封筒 ☞ page 16 36

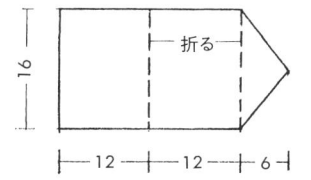

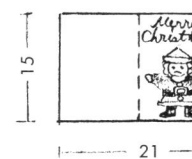

細いペンであて名
住所、切手をかく
赤と青で線を入れる

SEED
花の種袋 ☞ page 20

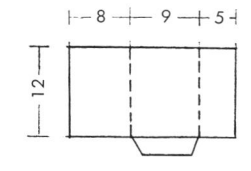

紙で袋を作って花の切抜き
をはり、文字を入れる

LIVING ROOM
リビングルーム
☞ page 36

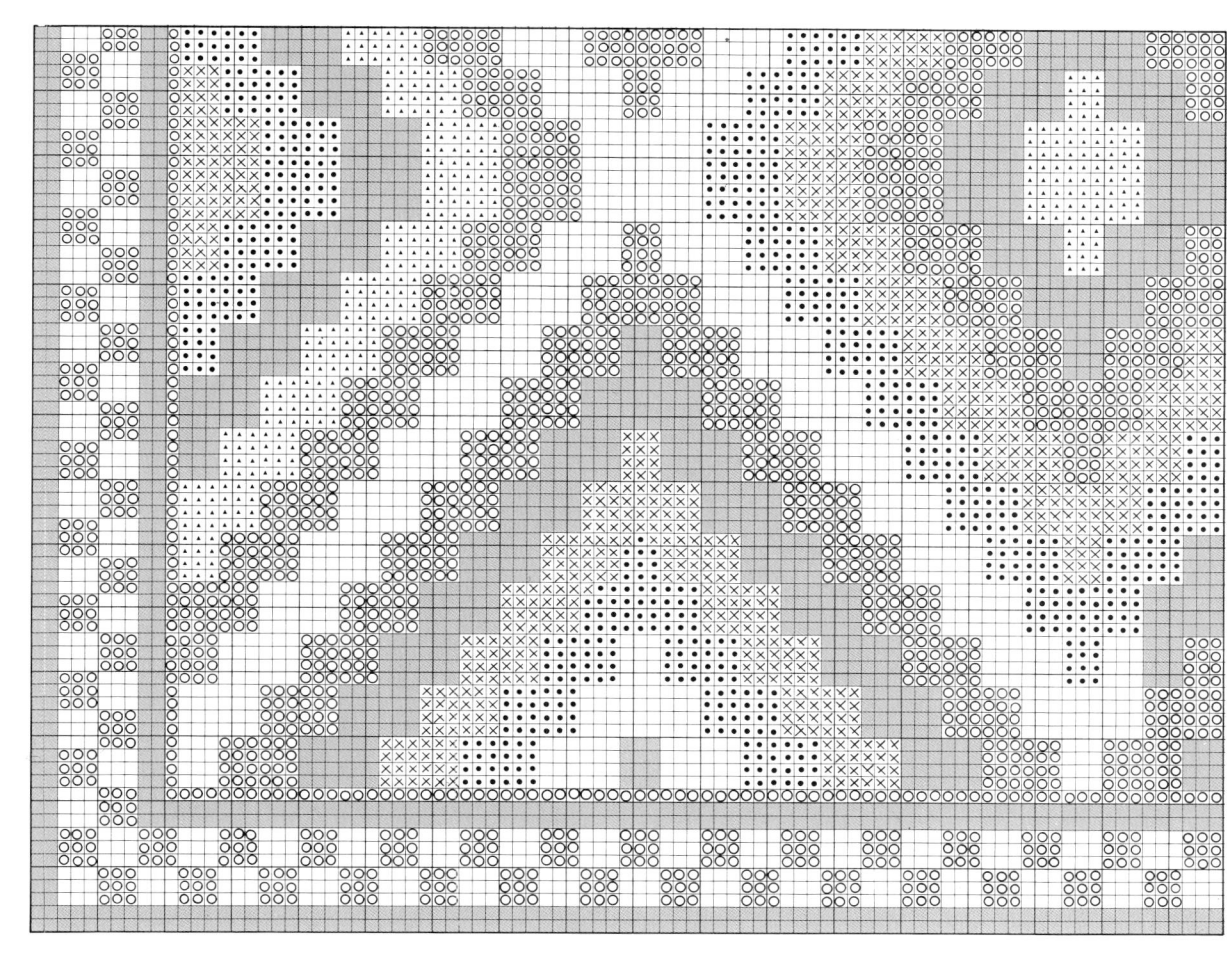

6色

BOOK
本 ☞ page 17 20 34

ボール紙に包装紙をはる 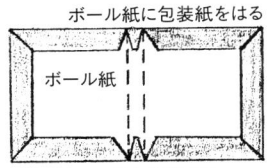
ボール紙
ボンドでページを接着する
のりをつける 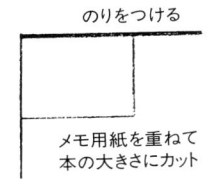
メモ用紙を重ねて本の大きさにカット

薄い紙を折る

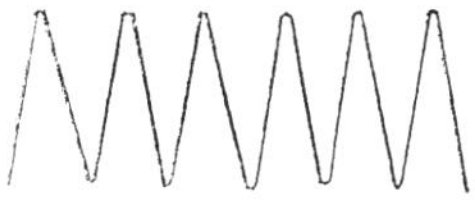

実物大

HAT
帽子 ☞ page 19 31 34 35 38

ボール紙で作って接着 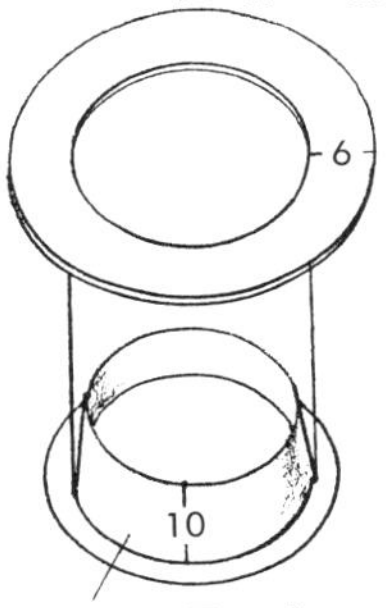
ケント紙
コーヒー用ミルクの容器をカット
刺繡糸かレース糸でうず巻き状に接着

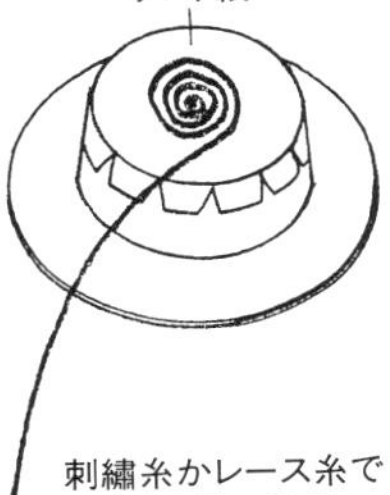

実物大

Hall
ホール
☞ page 38

□ 5色

Grasses
めがね ☞ page 36

3ミリの丸棒に巻く

針金で形を作り、レンズは
ボンドで幕を作る

実物大

Frame
写真立て ☞ page 16 18 31

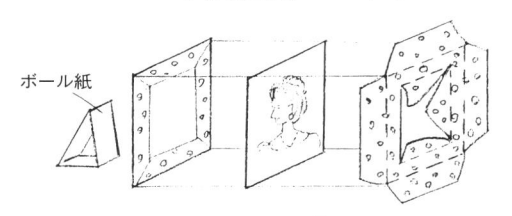

ボール紙

実物大

Cigarette
たばこ ☞ page 17 37

広告の紙

薄紙をはる

14　19

厚さ2ミリのバルサ

13

たばこは竹串を白く塗る

実物大

COUNTRY BEDROOM
カントリーベッドルーム
☞ page 34

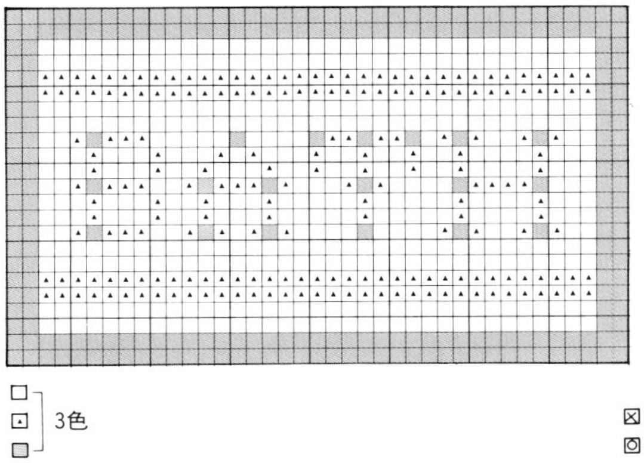

3色

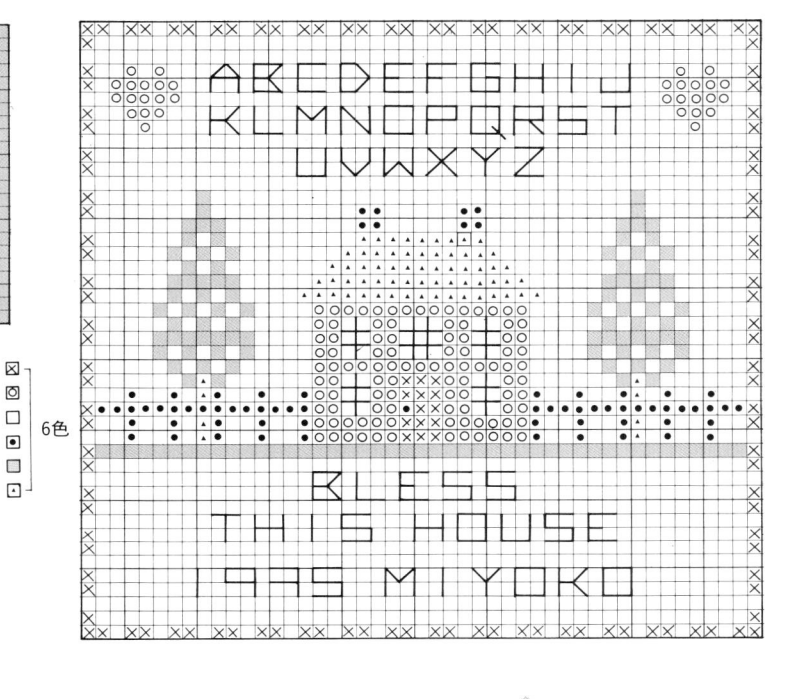

6色

PICTURE
絵画 ☞ page 17

プラスチック板かボール紙

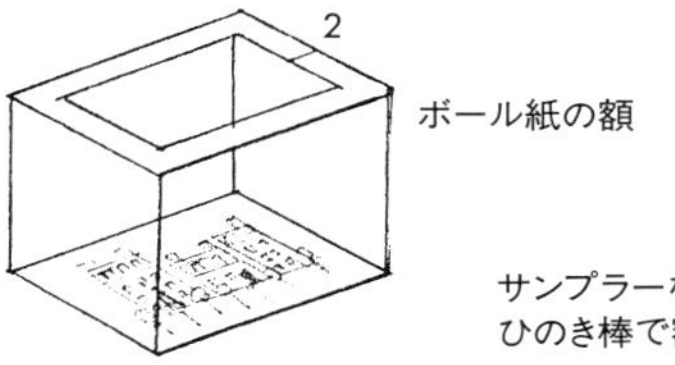

1×5、2×5のひのき棒

45度にカットする

雑誌の切抜きかペンで絵をかく

ボール紙

ボール紙の額

サンプラーなど厚みのあるものはひのき棒で額縁を作る

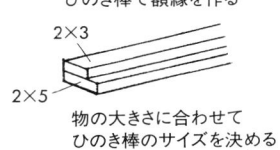

2×3
2×5

物の大きさに合わせてひのき棒のサイズを決める

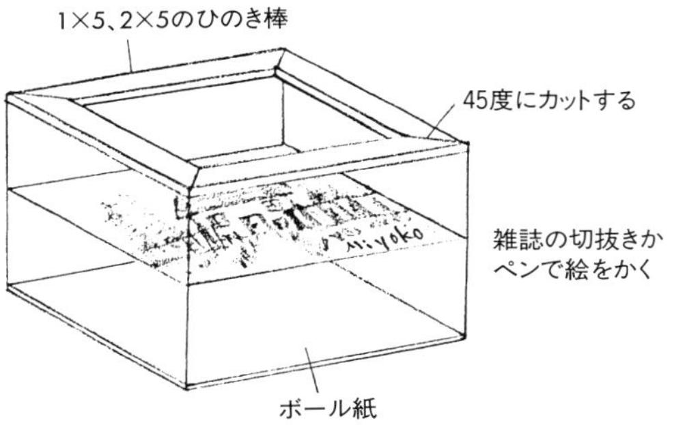

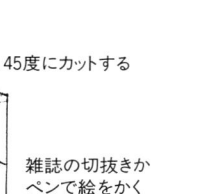

リボンを結んで裏につける

実物大

MOP
モップ

☞ page 25

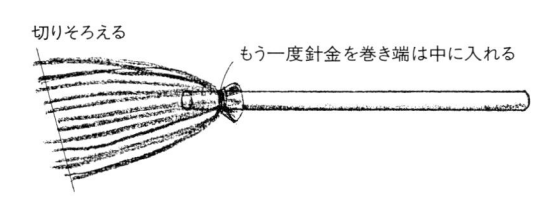

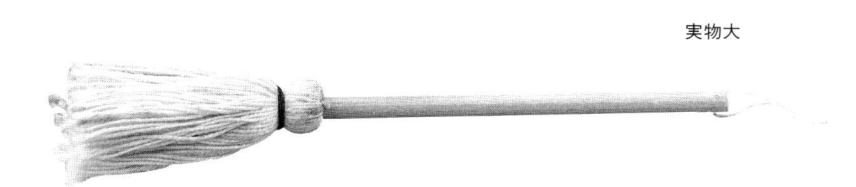

3×70の丸棒

しつけ糸を針金でしばる

切りそろえる

もう一度針金を巻き端は中に入れる

実物大

DUSTER
はたき

つまようじ

ストッキングを細く裂く

実物大

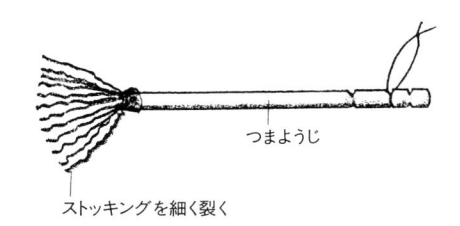

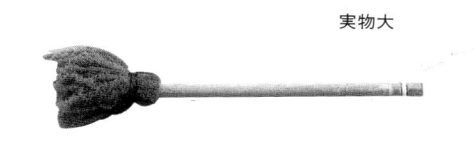

KEY'S HOOK
かぎ掛け

☞ page 21

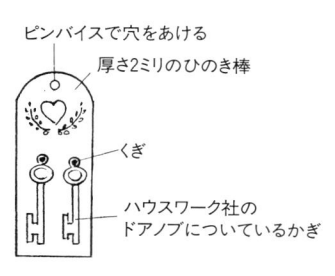

ピンバイスで穴をあける

厚さ2ミリのひのき棒

くぎ

ハウスワーク社のドアノブについているかぎ

実物大

CALENDAR
カレンダー ☞ page 21

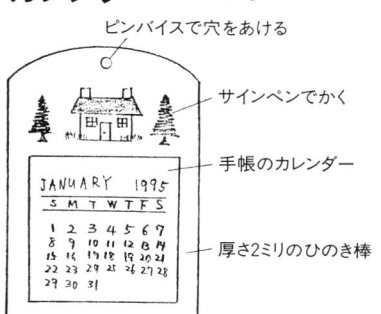

ピンバイスで穴をあける

サインペンでかく

手帳のカレンダー

厚さ2ミリのひのき棒

実物大

PLANTS

観葉植物 ☞ page 17

二つ折りにしてボンドで接着

アートフラワー用のテープか紙

30番のワイヤ

しだ　切込みを入れる

実物大

アートフラワー用のレザー

長さ8〜12センチの24番のワイヤをボンドで接着

やし　二つ折りにしてカットする

フィロデンドロン　二つ折りにしてカットする

ミルクの容器やキャップに粘土を入れて葉を差し、粘土にボンドを塗り、コーヒーなどをふりかける

PERFUME

香水瓶

☞ page 18 31

虫ピンを下から通してカットして、ふた用のビーズを接着

アクセサリーパーツ

実物大

BRIDAL ROOM
ブライダルルーム
☞ page 22

1 ドレッサーとスツール ☞ page 86　**2** 観葉植物　☞ page 101
3 香水瓶　☞ page 101　**4** 写真立て　☞ page 98
5 アクセサリー　いろいろなビーズを組み合わせて作る。
6 手鏡とブラシ　既製のものにリボンを結ぶ。
7 ブーケ　造花を束ねてセロハンで包む。
8 鏡　ハンドバッグに入っていた小さい鏡の回りに、ひのき棒で額縁をつける。
9 ウェディングドレス　プリーツメーカーでレースにひだをつけて作り、ボディに接着する。
10 ベールの入った箱　ボール紙で作った箱に、レースのベールを入れる。
11 プレゼントボックス　デザインボードをラッピングペーパーで包みリボンで飾る。
12 靴　バルサと布で作る。

VICTORIAN ROOM
ヴィクトリアンルーム
☞ page 23

1 アームチェア　背の部分を広げながら編む。☞ page 68
2 クッション　3×3センチの大きさで作る。
3 ポプリ　既製の瓶にポプリを入れ、アクセサリーパーツでふたをのせる。
4 カラーの花　粘土で花を作り、アートフラワー用のレザーで葉を作る。
5 針　ケント紙に細い針金で作った針を刺す。
6 糸巻き　直径5ミリのバルサ丸棒に糸を巻く。
7 はさみ　既製のもの。
8 食器　プラスチックのキット。
9 かご　市販のかごに布を切って入れる。
10 テーブル　☞ page 68
11 絵画　☞ page 99
12 本　☞ page 97

Nursery
保育室
☞ page 24

1 たんす ☞ page 62　**2** カード ☞ page 96
3 おもちゃ箱 ☞ page 54　**4** ゆりかご ☞ page 85
5 くま　フェルトで作ったもの。
6 ミニチュアの家具　ひのき棒や布で作ったもの。
7 超ミニくま　ビーズを組み合わせて作る。
8 あひる　粘土で作る。**9** サンダル　バルサとリボン。
10 花　パン粘土で作ったチューリップをガラスの瓶に。
11 帽子　レースで編む。**12** 額　キャンバス地に刺繍をする。
13 ティーセット　1/2サイズのドールハウス用の既製のもの。
14 動物　木でできた動物にペイントする。

Kitchen
キッチン
☞ page 25

1 テーブル ☞ page 75　**2** ラグ ☞ page 94
3 モップ ☞ page 100　**4** 柄つきのたわし ☞ page 92
5 ろうそく ☞ page 94
6 まな板と包丁　3×30×45のひのき棒。☞ page 92
7 パイ　粘土で作る。
8 なべつかみ　布にステッチをして縫う。
9 レシピ　ケント紙に料理の写真を切り抜いてはる。
10 瓶と缶詰　既製のもの。
11 壁棚　ドールハウス用棚受けの上にひのき棒をのせる。
12 コーヒーミル　既製のもの。
13 植木鉢　既製の植木鉢にあひるをかく。
14 はかり　既製のはかりの色を塗り替える。
15 鍋類　既製のもの。
16 りんご　粘土で作ったりんごをかごに入れる。
17 にんじん、じゃがいも　粘土で作ってかごに入れる。
18 つぼ　粘土で作る。
19 花　ガラス瓶にドライフラワーを入れる。
20 ハエたたき　ドールハウスを作るきっかけとなったもの。窓用金網で作る。
21 バケツ　既製のものにぞうきんをかける。
22 帽子　籐で編んだもの。
23 ウェルカムボード　木でできた動物にペイントする。

INDEX

ア
泡立て器　92
アトリエ　27・32
アームチェア　16・78
アクセサリー　31
イエローコテージ　10
イギリスの家　29
ヴィクトリアンコテージ　11
ヴィクトリアンルーム　23
ウィッカーアームチェア　15・23・30・68・105
ウィッカーベンチ　30・68・105
ウィッカーテーブル　23・30・68・105
ウィングチェア　36・80
腕時計　31
柄つきたわし　25・92
エレガントハウス　28
鉛筆　16

カ
カントリーベッドルーム　26・34
カントリーキッチン　20
カップボード　15・58
カード　96
カーテン　72
カレンダー　21・100
かぎ掛け　21・100
観葉植物　17・101
壁棚　17・63
絵画　17・99
花瓶　18
キッチン　25
キッチンテーブル　21・25・75
キャンデー　18
クロワッサン　18
クッション　19
ケーキ　15
コーナールーム　22・48
香水瓶　18・31・101

サ
作業台　32・55
サイドテーブル(猫脚)　16・76
サイドテーブル(ストレート脚)　36・77
サンプラー　34・99
サンダル　19
サンドイッチ　30
サンルーム　30
少女の部屋　18
シャベル　20・92
ジャグ　21
食器類　15・16
刺繍キット　35
写真立て　16・18・31・98

スツール　18・22・31・70・86
スリッパ　34
スタンド　18
センターテーブル(猫脚)　17・37・67
ソファ　37

タ
たんす　19・24・62
たばこ　17・37・98
反物　33・34
ダイニングルーム　14
ダイニングテーブル　14・84
チューダーハウス　8
チェスト(布つき)　18・54
チェスト　24・33・35・54
チョコレート　19・37
トランク　38・91
トマト　21
ドールハウス　19
ドア　21・24・25・88
ドレッサー(鏡つき)　18・70
ドレッサー　22・31・86

ナ
ナイトテーブル(布製)　18・84
ナイトテーブル　34・52

ハ
花の種袋　20・96
はたき　100
ばら　14
バスマット　35・99
バッグ　18
バケット　21
ファイヤープレース　17・74
フレーム　34・95
ブライダルルーム　22
プレゼントボックス　14
封筒　16・36・96
ベッドルーム　31
ベンチ　20・33・66
ベッド(布製)　19・31・82
ベッド　35・64
ベッドカバー　35
ボタン　32
ホール　38
保育室　24
包丁　21・92
本　17・20・34・97
本棚　34・60
帽子　19・31・34・35・38・97

マ
まな板　21・93
めがね　36・98
モップ　25・100
ものさし　32

ヤ
ゆりかご　24・85
4つの部屋　12

ラ
ラダーバックチェア　38・51
ラグ　14・17・19・20・25・32・34・36・38
リビングルーム　16・36
リース　21
りんご　17
ルームボックス　26・39
ろうそく　14・17・94

テクニック
ウィッカーの編み方　50・68・105
絵をかく　43
壁を塗る　43
壁紙をはる　46
木を切る　42・46
組立て　46
くぎの打ち方　46
材料　40
接着剤　40
ドアの内枠　43
ドア　44
幅木　46
フローリング　42
プリーツの作り方　72
窓　45
回り縁　47
用具　40
布のはり方　50
ラグの刺し方　90

104

●69ページより続く

materials
［アームチェアBの材料］
ウィッカーコード約10m
B-1＝実物大図　1枚－厚さ2の板
B-2＝実物大図　1枚－ボール紙
（シート　　　1枚－厚さ5のスポンジ
　クッション用）2枚－両面接着紙をはっ
　　　　　　　　　　た布

a＝長さ90　　9本 ┐
b＝長さ70　 10本 │
c＝長さ65　　2本 ├24番の太巻きワイヤ
d＝長さ45　　2本 │
e＝長さ25　　8本 ┘
長さ33のつまようじ　2本（前脚）
長さ32のつまようじ　2本（後ろ脚）

1 1、8、16、23の穴につまようじをつけその上に1.2ミリの穴をあける。
2 a～dのワイヤをシートの下に25ミリ残して接着（脚部分はシートの上のみに接着）。
シートの上部を編む
3 1～23までを8往復編み、1に戻ったらその続きのコードでアーム部分（1～6）を10往復編んでコードを切る。もう一方（18～23）もコードをつないで10往復編む。
4 背（7～17）は少し左右に広げながら25往復編む。
シートの下部を編む
5 シートの裏にeのワイヤを接着して23から編み始め、22の方向に10段編む。
6 10段編んで、23の脚に4回巻き、ワイヤ部分は3回巻いて1周する。
7 次に2段編み、最後は1回巻きをしながら1周して、23の脚に接着剤をつけてコードを巻きつけ、脚先でカットする。他の脚も同様に。
仕上げ
8 余分のワイヤをカットし、ワイヤの先に接着剤をつけてよく乾かす。
9 アームと背をラジオペンチで外側に曲げ、手で巻くように形を整える。
シートクッション
ボール紙とスポンジを接着し、両面接着紙をはった布（ボール紙より5ミリ大きく）で包み、裏にB-2の布をはる。

materials
［ウィッカーテーブルの材料］
ウィッカーコード約6m
C-1＝3×40×75　1枚 ┐厚さ3の板
C-2＝3×30×65　1枚 ┘
a＝長さ55　16本 ┐24番の太巻きワイヤ
b＝長さ30　31本 ┘

1 Cの板に色を塗り、C-2の下板四隅の脚は2.2ミリ、他は1.2ミリの穴をあけて2枚を接着する。
2 aのワイヤに接着剤をつけ、4本1組に束ねて脚を作り、四隅の穴に接着、他の穴はbのワイヤを接着する。
3 脚のところから編み始めて8段編む。次は脚に4回巻き、他のワイヤには3回巻きを2段編む。さらに基本編みで3段編み、最後に1回巻きを1段編んで接着剤をつけた脚に巻きつけて、脚先でカットする。
4 他3本の脚も同様に、接着剤をつけた脚に巻きつける。

materials
［ウィッカーベンチの材料］
ウィッカーコード約17m
D＝実物大図　1枚－厚さ2の板
a＝長さ95　19本 ┐
b＝長さ70　12本 │
c＝長さ65　 2本 ├24番の太巻きワイヤ
d＝長さ45　 2本 │
e＝長さ30　20本 ┘
長さ33のつまようじ　2本（前脚）
長さ32のつまようじ　2本（後ろ脚）

1 1、8、28、35の穴につまようじを接着し、その上にピンバイスで1.2ミリの穴をあける。
2 a～dのワイヤを、シートの下へ25ミリ残るように接着。脚のところのワイヤはシートの上だけにつける。
3～5 アームチェアA（P.68）と同じ。ただしアーム部分は1～7と29～35、背の部分は8～28で、3回巻きと基本編み3段のところを1回減らす。
6 基本編みを12段編み、次に両サイドの3本の目数を減らしながら10に戻って編み止める。
7 7～9はアームチェアAと同じ、ただし始まりは35段から。
8 次に2段編み、35に戻ったら34、33の順に1回巻きで1まで巻く。
9 前の部分は基本編みで46まで編んで、逆方向に55へ戻り、また47までというように目数を減らし、51まできたら左脚1に戻り、脚に接着剤をつけて巻きつけ脚先でカットする。
10 同様に35～45も編む。
11 後ろ脚にコードを巻く。
12 アームチェアAの12～15と同じく編む。ただし三つ編みのコードの長さは30センチにする。

関 美代子(せき みよこ)
大阪市在住。大阪音楽大学短期大学部卒業。
20年ほど前より趣味としてドールハウスを作り始める。その間、カナダ、アメリカ、イギリスに出向き、材料集めや博物館巡り、その国の愛好家からドールハウス作りを教わる。
アメリカのドールハウスクラブ「N.A.M.E」の会員、「ドールハウススタジオ」主宰。

SPECIAL MAIL ORDER

本書で使用している道具と材料は下記の
ホームページでご購入出来ます。

http://dollhouse-studio.com

ブックデザイン　若山嘉代子(レスパース)
撮影　渡辺　剛

DESIGN AND MAKE YOUR OWN
DOLL'S HOUSES
ROOMS AND FURNITURE

ドールハウスを習う
部屋と家具づくりから

2008年5月20日　新装版第1刷発行
2010年10月22日　新装版第2刷発行
2014年5月31日　新装版第3刷発行
2017年11月11日　新装版第4刷発行
著者　関　美代子
発行者　光本　稔
発行所　オクターブ
〒606-8156 京都府京都市左京区一乗寺松原町31-2
電話　075-708-7168　FAX　075-571-4373
印刷・製本　株式会社シナノパブリッシングプレス

万一乱丁落丁がありましたらお取り替えいたします。
© Miyoko Seki 2008
Printed in Japan

®本書の全部または一部を無断で複写(コピー)することは、著作権法上での例外を除き、禁じられています。
本書からの複写を希望される場合は、日本複写権センター(☎03-3401-2382)にご連絡ください。

本書は1995年に文化出版局より出版された
『ドールハウスを習う　部屋と家具づくりから』の新装版です。
文化出版局のご厚意により復刊いたしました。